应用型本科汽车类专业系列教材

Creo汽车零部件三维设计教程

主　编　郭荣春　张竹林
副主编　周　帅　张良伟
参　编　刘　辉　黄雪涛　周长峰　贾　倩

机械工业出版社
CHINA MACHINE PRESS

本书以汽车零部件设计为应用背景，以提高实际操作能力为目标，由浅入深、从易到难地讲述了 Creo Parametric 9.0 中文版在汽车零部件工程设计中的应用。

本书内容编排兼顾实用性和系统性，由 Creo Parametric 9.0 软件中典型的工作任务组成，包括草绘、建模、装配和工程图四大模块的关键内容。这些典型的工作任务均是在综合分析了相关操作技能和典型生产实例的基础上提炼出来的。通过对这些任务的学习，读者可切实掌握软件的操作流程，积累宝贵的产品设计经验，为读者的进修和提高打下坚实的基础。

本书适用于汽车设计、机械设计和管理等行业的有关人员学习参考，也可作为大专院校汽车相关专业师生的参考书。

图书在版编目（CIP）数据

Creo汽车零部件三维设计教程/郭荣春，张竹林主编. --北京：机械工业出版社，2025.1. --（应用型本科汽车类专业系列教材）. -- ISBN 978-7-111-77450-1

Ⅰ.U463-39

中国国家版本馆 CIP 数据核字第 20259TM906 号

机械工业出版社（北京市百万庄大街22号　邮政编码100037）
策划编辑：王　婕　　　　责任编辑：王　婕
责任校对：韩佳欣　陈　越　封面设计：陈　沛
责任印制：张　博
北京建宏印刷有限公司印刷
2025年4月第1版第1次印刷
184mm×260mm · 13印张 · 299千字
标准书号：ISBN 978-7-111-77450-1
定价：69.90元

电话服务　　　　　　　网络服务
客服电话：010-88361066　机　工　官　网：www.cmpbook.com
　　　　　010-88379833　机　工　官　博：weibo.com/cmp1952
　　　　　010-68326294　金　　书　　网：www.golden-book.com
封底无防伪标均为盗版　机工教育服务网：www.cmpedu.com

前　言

党的二十大报告中指出："坚持把发展经济的着力点放在实体经济上，推进新型工业化，加快建设制造强国、质量强国、航天强国、交通强国、网络强国、数字中国。"制造业是国民经济的主体，其价值链长、关联性强、带动力大，在很大程度上决定着现代农业、现代服务业的发展水平，在现代化经济体系中具有引领和支撑作用。因此，培养掌握先进设计制造技术的应用型人才是制造业发展的必要环节。在教学过程中不仅要使学生掌握基本概念、基本理论和方法，更要培养学生的科学精神，培养学生探索未知、勇攀科学高峰的意识和愿望，激发学生科技报国的家国情怀和使命担当。

计算机辅助设计技术在汽车工程领域的应用日益广泛，已经成为产品设计、制造领域不可或缺的一部分。我国正处在制造业转型升级的关键时期，要提高企业竞争力、产品设计制造水平，使用 Creo 软件进行产品的数字设计、分析、制造和管理是非常必要的，这就对当代从事汽车及相关产品设计制造工作的人员提出了要求，广大工程技术人员及在校学生都需要熟练地掌握 Creo 软件的使用方法和相关知识，笔者在多年课程教学、科研实践的基础上，参考了大量 Creo 软件技术方面的著作和文献资料，编写了本书。本书还配有教学资料包，可以在机械工业出版社教育服务网（www.cmpedu.com）下载。

本书共分 7 章，内容包括 Creo Parametric 9.0 简介、二维草绘、零件建模、零件装配、二维工程图创建等模块的功能和操作方法。对于每个模块，都先阐述模块的功能和命令的使用，然后通过实例让读者掌握各模块的功能和操作方法。书中实例都经过精心的挑选与设计，具有典型性和实用性。通过本书，按照示范步骤一步一步操作，可以快速地掌握 Creo 软件的使用方法。

本书附带的相关资源，包括书中所有实例的操作视频、素材文件，以方便读者参考。

本书由郭荣春、张竹林任主编。编写分工如下：周长峰编写第 1 章，刘辉编写第 2 章，周帅编写第 3 章，黄雪涛、贾倩编写第 4 章，张良伟编写第 5 章，郭荣春编写第 6 章，张竹林编写第 7 章。

在本书编写过程中，编者参考了相关的教材、软件手册及网络电子资料，在此对相关作者及提供者表示感谢。

由于编者水平有限，书中难免有不足和疏漏之处，衷心希望广大读者给予批评指正。

编　者

配套资源目录

Creo 汽车零部件三维设计教程 源文件

二维码清单

名称	图形	页码	名称	图形	页码
变速器壳体草绘练习		026	绘制变径进气管		051
支座草绘练习		027	绘制底座		062
绘制底座		031	绘制底座		070
绘制驱动轴		037	绘制底座		077
绘制吊环		043	绘制底座		085
绘制弹簧		045	直齿圆柱齿轮建模		102

（续）

名称	图形	页码	名称	图形	页码
双级减速器装配		128	辅助视图		162
活塞连杆组装配		144	半视图		163
十字轴万向节连接		144	局部视图		164
工程图环境设置		146	破断视图		164
一般视图和投影视图		158	全剖视图		166
旋转视图		159	半剖视图		168
局部放大图		161	局部剖视图		168

V

目 录

前 言
二维码清单

第 1 章　Creo Parametric 9.0 简介 ··· 001
1.1　Creo Parametric 9.0 概述 ··002
　　1.1.1　Creo 的发展历程 ···002
　　1.1.2　Creo 应用的重要领域 ···002
　　1.1.3　主要功能 ··003
1.2　用户操作界面 ···003
　　1.2.1　模板设置 ··003
　　1.2.2　用户操作界面简介 ···005
1.3　文件的管理 ···006
　　1.3.1　新建文件 ··006
　　1.3.2　打开文件 ··007
　　1.3.3　文件的多样式管理 ···008
1.4　编辑视图 ···008
　　1.4.1　视图视角的编辑 ··009
　　1.4.2　模型显示样式的编辑 ··010
　　1.4.3　窗口的控制 ···010
1.5　颜色的管理 ···010
　　1.5.1　系统颜色的设置 ··010
　　1.5.2　模型外观的设置 ··011
1.6　模型树的管理 ··012
　　1.6.1　模型树的隐藏与显示 ··012
　　1.6.2　图层管理 ··012

第 2 章　二维草绘 ··014
2.1　草绘概述 ···015
　　2.1.1　草绘的基本思路 ··015
　　2.1.2　草绘的创建 ···015

	2.1.3	草绘工具的介绍	016
2.2	基本图形的绘制		017
	2.2.1	线	017
	2.2.2	圆	017
	2.2.3	椭圆	018
	2.2.4	弧	018
	2.2.5	样条曲线	019
	2.2.6	倒角与倒圆角	019
	2.2.7	基准	019
	2.2.8	偏移	020
	2.2.9	加厚	020
	2.2.10	选项板	020
2.3	编辑		021
	2.3.1	尺寸修改	021
	2.3.2	镜像	021
	2.3.3	分割	021
	2.3.4	删除段	022
	2.3.5	拐角	022
	2.3.6	旋转调整大小	022
2.4	标注与约束		022
	2.4.1	标注	022
	2.4.2	约束	023
2.5	检查工具		024
	2.5.1	突出显示重叠	024
	2.5.2	突出显示开放端	025
	2.5.3	着色封闭环	025
练习题			026

第 3 章 基础特征　　　　　　　　028

3.1	拉伸特征		029
	3.1.1	操控选项板介绍	029
	3.1.2	创建拉伸特征的操作步骤	030
	3.1.3	实例——绘制底座	031
3.2	旋转特征		035
	3.2.1	操控选项板介绍	035

3.2.2 创建旋转特征的操作步骤 ·· 036
3.2.3 实例——绘制驱动轴 ·· 037
3.3 扫描特征 ··040
3.3.1 扫描操控选项板介绍 ·· 040
3.3.2 螺旋扫描操控选项板介绍 ·· 041
3.3.3 实例——绘制吊环 ··· 043
3.3.4 实例——绘制弹簧 ··· 045
3.4 混合特征 ··047
3.4.1 操控选项板介绍 ·· 047
3.4.2 创建混合特征的操作步骤 ·· 049
3.4.3 创建旋转混合特征的操作步骤 ·· 050
3.4.4 实例——绘制变径进气管 ·· 051
练习题 ··055

第 4 章　工程特征 ·· 058

4.1 孔特征 ···059
4.1.1 操控选项板介绍 ·· 059
4.1.2 创建孔特征的操作步骤 ··· 061
4.1.3 实例——绘制底座 ··· 062
4.2 拔模特征 ··063
4.2.1 操控选项板介绍 ·· 063
4.2.2 创建拔模特征的操作步骤 ·· 066
4.2.3 创建可变拖拉方向拔模特征的操作步骤 ·· 067
4.2.4 实例——绘制底座 ··· 069
4.3 倒角特征 ··071
4.3.1 操控选项板介绍 ·· 071
4.3.2 创建边倒角特征的操作步骤 ··· 072
4.3.3 创建拐角倒角特征的操作步骤 ·· 073
4.4 倒圆角特征 ··· 074
4.4.1 操控选项板介绍 ·· 074
4.4.2 创建倒圆角特征的操作步骤 ··· 075
4.4.3 实例——绘制底座 ··· 076
4.5 壳特征 ···078
4.5.1 操控选项板介绍 ·· 078
4.5.2 创建壳特征的操作步骤 ··· 079
4.6 筋特征 ···080

4.6.1　操控选项板介绍 ································· 080
　　4.6.2　创建轨迹筋特征的操作步骤 ······················· 082
　　4.6.3　创建轮廓筋特征的操作步骤 ······················· 084
　　4.6.4　实例——绘制底座 ····························· 085
练习题 ·· 087

第 5 章　特征编辑 ··· 089

5.1　特征复制 ·· 089
　　5.1.1　镜像复制 ····································· 090
　　5.1.2　其他复制 ····································· 090
5.2　特征阵列 ·· 090
　　5.2.1　尺寸阵列 ····································· 091
　　5.2.2　方向阵列 ····································· 092
　　5.2.3　轴阵列 ······································ 092
　　5.2.4　填充阵列 ····································· 093
　　5.2.5　表阵列 ······································ 094
　　5.2.6　参考阵列 ····································· 096
　　5.2.7　曲线阵列 ····································· 096
5.3　特征修改与重定义 ···································· 096
　　5.3.1　特征删除 ····································· 096
　　5.3.2　特征重定义 ··································· 097
　　5.3.3　特征尺寸动态编辑 ······························ 098
　　5.3.4　特征重命名 ··································· 098
5.4　特征的其他操作 ····································· 098
　　5.4.1　特征隐含与恢复 ································ 098
　　5.4.2　特征隐藏 ····································· 099
　　5.4.3　特征重新排序与特征插入 ························· 100
　　5.4.4　特征生成失败及其解决方法 ······················· 100
5.5　综合实例 ·· 101
　　5.5.1　直齿圆柱齿轮建模相关公式和参数 ·················· 102
　　5.5.2　直齿圆柱齿轮建模过程 ··························· 102
练习题 ·· 108

第 6 章　零件的装配 ······································· 109

6.1　装配概述 ·· 110

6.1.1 装配简介	110
6.1.2 装配界面的创建	110
6.1.3 装配模型树	111
6.2 约束的添加	112
6.2.1 自动	112
6.2.2 距离	113
6.2.3 角度偏移	113
6.2.4 平行	113
6.2.5 重合	114
6.2.6 法向	115
6.2.7 共面	115
6.2.8 居中	116
6.2.9 相切	116
6.2.10 固定	117
6.2.11 默认	117
6.3 连接类型的定义	117
6.3.1 刚性	117
6.3.2 销	118
6.3.3 滑块	120
6.3.4 圆柱	123
6.3.5 平面	124
6.3.6 球	124
6.3.7 焊缝	125
6.3.8 轴承	126
6.3.9 槽	127
6.4 综合实例——双级减速器的装配	128
练习题	144

第 7 章 工程图　　145

7.1 工程图环境设置	146
7.2 工作界面介绍	148
7.2.1 快速访问工具栏区	149
7.2.2 功能选项卡区	150
7.2.3 导航选项卡区	153
7.2.4 消息区	153

目　录

- 7.2.5 页面操作区 ……………………………………………………………… 153
- 7.2.6 图形区 …………………………………………………………………… 154
- 7.3 新建工程图 …………………………………………………………………… 154
- 7.4 向工程图中添加模型 ………………………………………………………… 155
- 7.5 工程图视图 …………………………………………………………………… 156
  - 7.5.1 一般视图 ………………………………………………………………… 156
  - 7.5.2 投影视图 ………………………………………………………………… 158
  - 7.5.3 旋转视图 ………………………………………………………………… 159
  - 7.5.4 局部放大视图 …………………………………………………………… 161
  - 7.5.5 辅助视图 ………………………………………………………………… 162
  - 7.5.6 可见区域视图 …………………………………………………………… 163
  - 7.5.7 视图比例 ………………………………………………………………… 166
  - 7.5.8 剖视图（截面视图）……………………………………………………… 166
  - 7.5.9 视图显示 ………………………………………………………………… 169
- 7.6 工程图标注 …………………………………………………………………… 170
  - 7.6.1 尺寸标注 ………………………………………………………………… 170
  - 7.6.2 注解标注 ………………………………………………………………… 177
  - 7.6.3 基准标注 ………………………………………………………………… 179
  - 7.6.4 几何公差标注 …………………………………………………………… 180
- 7.7 格式 …………………………………………………………………………… 181
  - 7.7.1 创建格式 ………………………………………………………………… 181
  - 7.7.2 绘制图框 ………………………………………………………………… 183
  - 7.7.3 绘制标题栏 ……………………………………………………………… 185
- 7.8 实例 …………………………………………………………………………… 187
- 练习题 …………………………………………………………………………… 190

参考文献 …………………………………………………………………………… 193

第 1 章　Creo Parametric 9.0 简介

☞ **学习目标：**

内容	掌握程度	建议课时
软件概述	★★	0.5
操作界面	★★★★	0.5
文件管理	★★★★	0.5
编辑视图/颜色管理	★★★	0.5
模型树管理	★★★★	1

☞ **学习建议：**

本章主要任务是对 Creo Parametric 9.0（简称 Creo 9.0）建立一个宏观的基本认识。通过本章的学习，了解 Creo Parametric 9.0 的发展历程、主要功能和应用领域；熟悉软件的基本工作界面和主要组成部分；掌握新建文件、打开文件、保存文件和关闭文件等文件管理方式，视图视角、模型显示样式的编辑和窗口控制，以及颜色模型或窗口颜色管理。

☞ **思维导图：**

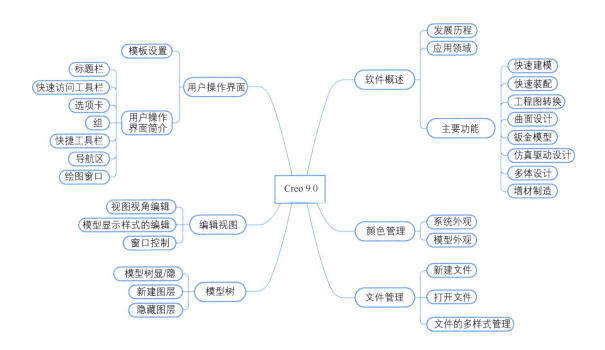

1.1 Creo Parametric 9.0 概述

Creo Parametric 9.0 是美国 PTC 公司发行的多功能 CAD/CAM/CAE 辅助工具，该软件提供了 CAD 技术、模型制造绘图、多实体建模、多体设计、实时仿真、框架和焊缝设计等一系列强大的辅助设计功能，涵盖了产品设计、生产技术准备和产品制造等领域。Creo Parametric 9.0 具备广泛的建模功能、高质量的输出结果及较高的设计效率等特点，可帮助工程师在短时间内交付最佳产品设计，并通过创成式设计、实时模拟与增材制造等新兴技术进行创新。

1.1.1 Creo 的发展历程

1985 年，美国 PTC 公司成立，于 1986 年对数字化三维设计进行了革新，是当时 CAD/CAE/CAM/PDM 领域最具代表性的软件公司。1988 年，PTC 公司推出全参数化建模的三维 CAD 设计软件 Pro/E V1.0，Pro/E V1.0 的发行改变了以往实体造型软件中没有尺寸参数驱动的历史，软件操作也更加符合设计人员的构思习惯，受到业界的大力追捧。Pro/E V2.0 发行之前，只能在 UNIX 工作站上运行，为解决使用不便的问题，1996 年，PTC 公司发行了可在计算机上运行的 Pro/E 2000i。2001 年，PTC 公司发行了以图形化操作界面与用户交互的 Pro/E WildFire。相较于之前的版本，Pro/E WildFire 的人机交互更加友好。后期，PTC 公司对 Pro/E 软件进行了多次更新迭代，陆续发行了 Pro/E WildFire 2.0、Pro/E WildFire 3.0、Pro/E WildFire 4.0 和 Pro/E WildFire 5.0。

2010 年 10 月，PTC 公司整合了 Pro/E 的参数化技术、Co Create 的直接建模技术和 Product View 的三维可视化技术，推出 CAD 设计软件包 Creo 1.0，作为 Pro/E 的升级版本，Creo 1.0 的功能更加强大，智能化水平更高。它集三维软件开发、产品装配、模具开发、数控加工、钣金件设计、铸造件设计、造型设计、逆向工程、自动测量、机构仿真、应力分析、产品数据库管理等功能于一体。此后每隔 1 年左右，PTC 公司就对产品进行迭代升级，不断增强产品功能。2022 年 9 月，PTC 公司发行了 Creo 9.0，未来 Creo 还会不断迭代和创新，从设计、制造、售后服务、维修等各个方面，实现整个过程全方位的优化。

1.1.2 Creo 应用的重要领域

Creo 具备互操作性、开放、易用三大特点，在零部件设计、产品装配、模具开发、造型设计、钣金件设计、铸件设计、NC 加工、逆向工程、自动测量、模拟仿真、有限元分析、产品数据库管理等方面，功能强大，应用性较强，可以为用户提供一套从产品设计到制造的完整 CAD 解决方案，广泛应用于机械、汽车、航空航天、电子、模具、玩具设计等行业。使用 Creo 软件可以在产品生产过程中，将产品设计、制造和分析等环节有机地结合起来，使企业能够对产品的多样性、复杂性、可靠性和经济性等做出迅速反应，提高企业的市场竞争能力，有效提高企业产品设计能力，缩短产品开发周期。

1.1.3　主要功能

作为 PTC 公司的立足基石，Creo 一直围绕核心功能和创新技术两个方向发展。相较于 Creo 之前的版本，Creo 9.0 从多个方面改进了生产力和可用性功能，帮助用户在更短的时间内交付更好的设计方案。Creo 9.0 推出了用于管理、操作和理解 CAD 模型的新工具，进一步优化了人体工程学、基于模型的定义（MBD）、仿真、创成式设计以及增材/减材制造工具。

Creo Parametric 9.0 具有以下功能：

1）强大的建模能力。根据草绘特征自动创建草绘尺寸，完成复杂模型的建立，并可以快速可靠地创建工程特征，如倒角、抽壳、加强筋等。

2）快速装配建模。智能快速地创建装配模型，用 AssemblySense 嵌入拟合、形状和函数知识，可以快速准确地进行装配。

3）三维模型和二维工程图快速转换。可将三维模型直接转换为二维工程图，转换的工程图自动显示模型的完整尺寸。

4）专业曲面设计。利用自有风格可以快速创建自由形式的曲面，也可以通过拉伸、旋转、扫描、混合等特征创建复杂曲面。

5）创建钣金模型。可以创建钣金模型，包括折弯、凹槽等多种操作。自动将三维模型转换为平整状态，可以使用各种弯曲余量计算来调整设计的平整状态。

6）仿真驱动设计。在设计工程师的工具中，通过仿真，可以在生产产品之前分析和验证 3D 虚拟原型的性能。

7）多体设计。可以有效地处理单个零件中分离、接触或重叠的几何体，从而大大提高用户构建复杂几何体时的设计效率。

8）增材制造。提供当今市场上最全面的增材制造功能套件。

1.2　用户操作界面

用户操作界面是用户和软件进行交互的主要窗口，用户可以在此进行草绘、建模、装配等工作。

1.2.1　模板设置

在 Creo 9.0 中创建新文件时，默认情况下软件会使用模板创建文件，此时创建的文件将使用模板内所有的特征和设置。模板设置界面如图 1-1 所示。

如果不使用默认模板或不使用模板，则不勾选图 1-1 所示对话框中的【使用默认模板】选项即可。在图 1-2 所示对话框中，可以选择自定义模板或使用空模板。如果在手动设置模板时，同时勾选了【复制关联绘图】选项，则将部件另存为其他名称时，会同时将部件所关联的工程图进行复制，创建并关联与新建部件名称相同的工程图。

另外，实现此功能还需在【文件】→【选项】→【配置编辑器】对话框中增加变量 rename_drawings_with_object，其值有 4 个选择：none、part、assem 和 both。例如：选择

part 则创建的 Part 文件会自动创建并关联同名工程图，如果选择 both 则创建的 Part 和装配文件都会自动创建并关联同名工程图。

图 1-1　默认模板对话框

图 1-2　模板设置对话框

如果用户需要设置默认模板，可在【文件】→【选项】→【配置编辑器】对话框中设置，如图 1-3 所示。其中，配置变量以 template 开头，后缀 solidpart 为部件模板、designasm 为装配模板。

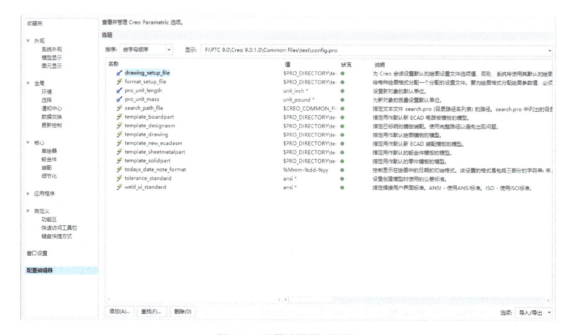

图 1-3　配置编辑器对话框

1.2.2 用户操作界面简介

启动 Creo Parametric 9.0，新建或打开文件，便可进入用户操作界面。操作界面由标题栏、快速访问工具栏、选项卡、组、快捷工具栏、导航区以及绘图窗口等组成，用户操作界面如图 1-4 所示。

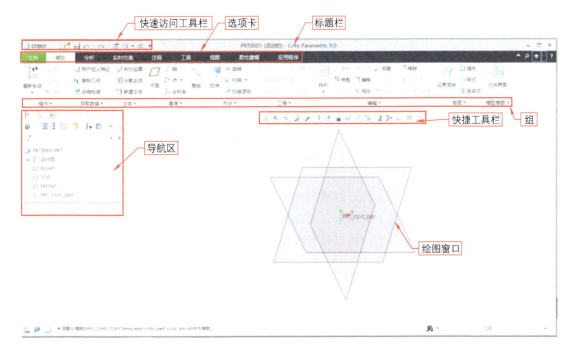

图 1-4 用户操作界面

1. 标题栏

当新建或打开文件时，标题栏中除显示软件名之外，还会显示文件的名称和当前文件的状态。

2. 快速访问工具栏

快速访问工具栏由【新建】按钮、【打开】按钮、【保存】按钮、【撤销】按钮、【重做】按钮、【窗口】按钮以及【关闭】按钮组成。单击快速访问工具栏最右侧的下拉按钮，可以通过勾选或取消勾选列表中的复选框添加或删除快速访问工具栏中的选项。

3. 选项卡

选项卡包括【文件】【模型】【分析】【实时仿真】【注释】【工具】【视图】【柔性建模】【应用程序】选项卡。在选项卡中的任意一项上右击，选择快捷菜单中的【选项卡】选项，可以勾选列表中的复选框自定义选项卡中选项的显示状态。

4. 组

组可以控制选项卡中各选项的显示状态，在【文件】→【选项】→【自定义功能区】对话框中，可以新建【选项卡】【组】【层叠】，通过勾选选项卡前的复选框可以显示和隐藏相关选项。

5. 快捷工具栏

快捷工具栏包括【重新调整】按钮、【放大】按钮以及【缩小】按钮等，使用快捷工具栏可以快速调用某些常用命令。在快捷工具栏中的任一命令上右击，可在下拉列表中勾选相应的复选框来显示某些命令。

6. 导航区

导航区有3个选项卡，分别为【导航树】选项卡、【文件夹浏览器】选项卡和【收藏夹】选项卡。

1）单击【导航树】选项卡，可以按顺序显示创建的特征。
2）单击【文件夹浏览器】选项卡，可以浏览计算机中的文件并打开。
3）单击【收藏夹】选项卡，可以打开收藏的网页等。

7. 绘图窗口

绘图窗口是指显示和操作模型的主窗口。在绘图窗口中可进行绘制、修改、删除等操作。

1.3 文件的管理

文件的管理包括新建文件、打开文件、保存文件、另存为文件、打印文件以及关闭文件等诸多文件管理方式。在用户操作界面中的【文件】选项卡的下拉列表中，选择相应的命令即可进行文件管理。

1.3.1 新建文件

在Creo Parametric 9.0中，用户可以新建布局、草绘、零件、装配、制造、绘图、格式、记事本等类型的文件，其中比较常用的是草绘、零件、装配和绘图文件类型。下面通过新建一个文件，详细介绍新建文件的步骤。

1）单击快速访问工具栏的【新建】按钮，或者执行【文件】→【新建】命令。
2）在弹出的图1-5所示的对话框中，选择文件类型。默认文件类型为【零件】，子类型为【实体】。
3）在【文件名】文本框中输入文件名称。
4）取消勾选【使用默认模板】复选框，单击【确定】按钮。

5）系统弹出图 1-6 所示对话框，选择米制模板【mmns_part_solid_abs】选项，然后单击【确定】按钮，进入用户操作界面。

图 1-5　新建对话框　　　　　　　　　图 1-6　新文件选项对话框

1.3.2　打开文件

在用户操作界面选项卡中直接单击【打开】按钮，或者执行【文件】→【打开】命令，系统弹出【文件打开】对话框，如图 1-7 所示。打开文件时，可以通过【文件打开】对话框右下方的【预览】按钮预览选中的文件，帮助准确打开文件。

图 1-7　文件打开对话框

1.3.3 文件的多样式管理

多样式管理是【文件】选项卡里所有分支选项的统称,包括【保存】【另存为】【打印】【管理文件】【准备】【发送】【管理会话】【帮助】等。

1. 保存与另存为

【保存】和【另存为】执行文件的保存工作,在【保存对象】对话框中可以更改保存路径和文件名。在 Creo Parametric 9.0 中保存文件时,即使新保存的文件和已有文件的名字相同,已有文件也不会被替换掉,软件在保存时会自动在文件类型后面添加后续编号,如 Creo.prt.1 和 Creo.prt.2。为增强文件辨识度,建议对每个文件进行不同命名。

2. 打印

如果用户计算机连着打印机,那么可以把 Creo Parametric 9.0 文件打印出来。该操作包括【打印】【快速打印】和【快速绘图】等选项。

3. 管理文件

【管理文件】包括【重命名】【删除旧版本】【删除所有版本】【声明】【实例加速器】5个选项,其中,前 3 个选项较为常用。其中,【重命名】选项下的【在磁盘上和会话中重命名】是指把磁盘上和此窗口中文件名相同的文件全部重命名;【在会话中重命名】是指在此窗口中进行重命名。

4. 管理会话

【管理会话】有 10 个选项,其中较为常用的是【拭除当前】【拭除未显示的】和【选择工作目录】3 个选项。【拭除当前】是把激活状态下的文件从会话窗口中拭除;【拭除未显示的】是把缓存在会话窗口中的文件全部拭除。【选择工作目录】用来指定文件存储的路径,设置新的自定义文件目录可以快速地找到自己存储的文件。

1.4 编辑视图

编辑视图的操作可分为视图视角的编辑、模型显示样式的编辑和窗口的控制等几种。打开模型后,可通过【视图】选项卡或快捷工具栏中的选项编辑视图,如图 1-8 所示。

图 1-8 视图选项卡

1.4.1 视图视角的编辑

建模时，通常要切换模型的视角，以便查看模型各个方向上的特征。【重新调整】按钮，可将模型自动调整到最佳视角，并放置到绘图窗口的中央位置。也可通过【平移】、【缩小】和【放大】等按钮，对模型进行相关操作。另外，也可通过键盘上的 Shift+鼠标中键、Ctrl+鼠标中键、滑动或拖曳鼠标中键分别实现模型的平移、放大、缩小、旋转等操作，读者可自行操作练习。

在【已保存方向】选项下拉列表中，可将模型调整为前、后、左、右、上、下 6 个视图方向，并确定默认和标准方向。其中 6 个视图是由 TOP、FRONT、RIGHT 三个基准平面决定的。默认和标准方向与【重新调整】选项一样，将模型自动调整为最佳视图。

在【视图】选项卡中单击【重定向】按钮，可设置模型多方位的视角切换。【视图】对话框如图 1-9 所示。在此对话框中可自定义视图名称和方向，其中方向类型分为动态定向、按参考定向和首选项 3 种方式。

图 1-9 视图对话框

1. 动态定向

【动态定向】是指对模型进行自定义的动态平移、旋转和缩放等设置。在【方向】选项卡中拖动相应的滑块或者输入准确数字，即可对模型进行平移和旋转操作。

2. 按参考定向

【按参考定向】是指通过定义视图的前后、左右、上下的基准平面来放置模型。定义时要选择模型上的某个平面（可以自定义选择该参考面为上下、左右或前后视图）。

3. 首选项

【首选项】是指通过定义模型的旋转中心和默认方向对模型进行定位。其中，旋转中心可以设置为模型中心、屏幕中心、模型的点或顶点、模型的边或轴,以及坐标系 5 种。【默认方向】下拉列表中提供了【等轴测】【斜轴测】【用户定义】3 种方式。其中【用户定义】方式需要设置 x 轴和 y 轴的旋转角度。

1.4.2 模型显示样式的编辑

模型显示样式主要包括着色、消隐、隐藏线、线框等类型。可以通过【视图】选项卡下的显示样式选项或快捷工具栏中的【显示样式】按钮,控制视图的显示样式,使模型从实体着色显示转换为其他线条显示模式。图 1-10 和图 1-11 分别为着色模型和线框模型样式。

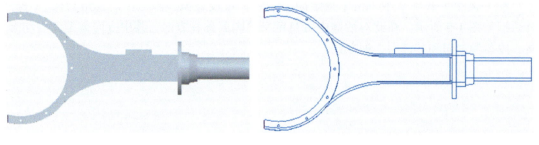

图 1-10　着色模型　　　　　　　　　图 1-11　线框模型

1.4.3 窗口的控制

在多窗口模式下,当前仅有一个窗口处于激活状态,其他窗口都处于未被激活的状态(可以打开窗口,但是不能对其进行创建特征等操作)。如果要激活某个窗口,可通过【视图】选项卡下的【窗口】按钮,在弹出的下拉列表中选择要激活的文件,则窗口会切换到所选择文件的窗口并激活该窗口。单击工具栏的【关闭】按钮,或执行【文件】→【关闭】命令,可以关闭当前的窗口。

1.5　颜色的管理

颜色包括系统颜色和模型颜色两种,设置颜色可以改变系统的背景色、模型的颜色、图元对象和用户操作界面的显示效果。

1.5.1 系统颜色的设置

系统颜色是指窗口、背景等的颜色。在 Creo Parametric 9.0 的主页直接单击【系统外观】选项卡,系统弹出图 1-12 所示的【Creo Parametric 选项】对话框。在此对话框中,用户可以根据自己的喜好修改或自定义系统颜色,也可以设置图形、基准、几何、草绘器等全局颜色,以及建模图元、载荷和约束等仿真图元颜色。

第 1 章
Creo Parametric 9.0 简介

图 1-12　Creo Parametric 选项对话框

1.5.2　模型外观的设置

模型外观可以通过颜色、纹理或颜色和纹理的组合来定义。在【视图】选项卡下,单击选项卡中的【外观】下拉按钮,系统弹出图 1-13 所示的下拉列表,单击【我的外观】或【库】中的外观球,然后选择模型表面(按住 Ctrl 键可以同时选择多个表面),最后单击【选择】对话框中的【确定】按钮,完成模型外观设置。更多模型外观设置可通过【更多外观】【编辑模型外观】和【外观管理器】完成。

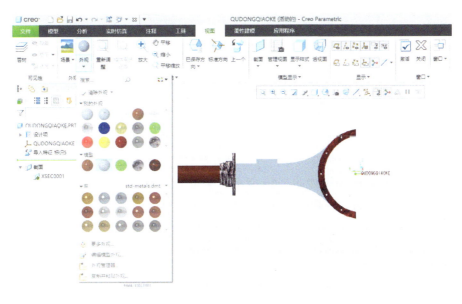

图 1-13　模型外观设置示意图

1.6 模型树的管理

模型树用于记录和保存模型的创建（装配）过程。模型树由模型的名称、类型、系统基准和特征组成。在模型树中可以控制特征和基准的显示与隐藏，使模型看起来更加清晰。也可根据特征类型进行分组操作。

1.6.1 模型树的隐藏与显示

如果需要隐藏模型树中的某些特征，可以通过单击【树过滤器】按钮，打开图 1-14 所示的树过滤器，对模型的常规特征、核心特征等进行隐藏与显示操作。另外，也可以通过单击模型树中的特征后，在弹出的选项中选择【隐含】功能，实现特征的隐含操作，此时特征名称前会出现一个黑色标记，如图 1-15 所示；再次单击特征，选择【恢复】功能，可取消特征隐含。

图 1-14　树过滤器对话框

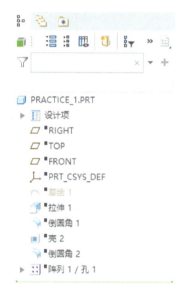

图 1-15　特征隐含示意图

1.6.2 图层管理

建模时，如果模型中的特征较多，这时可以通过图层对模型进行管理。单击模型树中的【层数】选项，打开的图层如图 1-16 所示。通过鼠标右键单击图层可以完成图层的新建、隐层、删除、重命名、编辑等工作，当对模型中的某一特征进行隐藏操作时，可以通过新建图层打开【层属性】对话框，如图 1-17 所示。在【层属性】对话框中定义层名称，设置层包括特征，完成【层属性】的定义，然后鼠标右键单击选择隐藏层，便可将层包括的特征全部隐藏。

例如：通过新建图层实现对模型基准平面特征的隐藏，首先打开图层，新建一个图层命名为 DTM_1，在用户界面右下角的下拉列表中选择【基准平面】选项，然后按住鼠标左键框选模型，此时模型中的基准平面特征全部添加到【层属性】的内容处，单击【确定】按钮完成 DTM_1 层属性的建立。最后通过隐藏 DTM_1 层，即可完成模型中所有基准平面特征的隐藏。具体操作界面如图 1-18 所示。

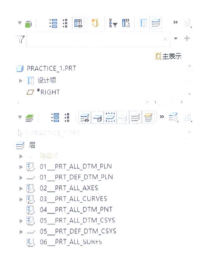

图 1-16　图层示意图

图 1-17　层属性对话框

图 1-18　新建图层演示对话框

总　　结

本章对 Creo Parametric 9.0 的发展历程、功能特色进行了简要介绍，对用户操作界面、文件管理、视图类型、模型显示样式、颜色管理以及模型树进行了详细的介绍，并结合相关实例对各项功能的设置步骤和操作要点等进行了介绍。

第 2 章 二维草绘

☞ **学习目标：**

内容	掌握程度	建议课时
基准命令	★★★	0.5
草绘命令	★★★★★	4
编辑命令	★★★★★	0.5
约束命令	★★★★★	0.5
尺寸和检查命令	★★★★	0.5

☞ **学习建议：**

本章主要任务是掌握 Creo 中草绘的基本思路和基本流程，能够熟练运用草绘选项卡下基准区、草绘区、编辑区、约束区、尺寸和检查区中的相关命令，特别是掌握草绘区中不同草绘命令的类别和使用方法。能够选择合适的基准命令创建基准，然后使用草绘区中线、弧、矩形、圆等命令绘制二维图元特征，并通过编辑区命令对基本图元进行编辑定义，以及对图元添加约束关系和标注尺寸，最后能够通过检查工具检查草绘过程中的特征细节，最终达到对草绘知识融会贯通和草绘工具灵活运用的目的。

☞ **思维导图：**

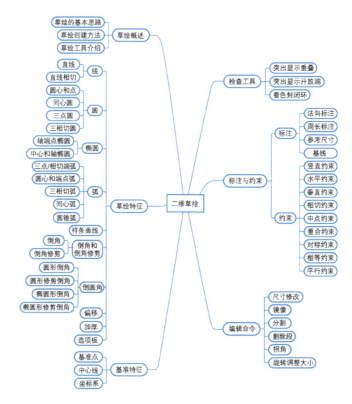

2.1 草绘概述

截面草图的绘制简称草绘,草绘是创建许多特征的基础,在 Creo Parametric 中创建模型特征时,一般要先草绘特征的截面形状、轨迹线和基准曲线,然后定义特征的尺寸参数等信息,二维截面图形按照一定的规律运动,生成特征。严格地说,在 Creo Parametric 中草图绘制贯穿整个零件的建模过程。

草绘常用的基本图元命令有点、直线、样条曲线、圆弧和坐标系等,利用这些命令可以绘制出各种各样的二维图形。Creo Parametric 为每一种图元提供了多种创建方法。草绘的文件格式为 .sec。值得注意的是,草绘与绘制工程图是不一样的,草绘没有太多的格式和创建要求,而工程图有自己的文件格式以及独特的要求。

2.1.1 草绘的基本思路

草绘时,首先确定零件中包含的图元信息,根据图元特征草绘基本图元,如矩形、圆形、样条曲线等;绘制完基本轮廓后,对图元进行修剪、倒角、阵列等修正操作;修正后定义图元间的垂直、平行、相切和对称等约束关系,减少不必要的尺寸标注;最后根据实际加工要求进行尺寸标注和修改,完成草图绘制,如图 2-1 所示。

图 2-1 草绘基本流程

2.1.2 草绘的创建

为了便于工程项目的管理,在创建草绘、零件和装配体时,建议首先在 Creo Parametric 9.0 的主页中选择工作目录,命名具有较高辨识度的文件夹名称,将创建的草绘、零件和装配体放在此工作目录中。

Creo Parametric 9.0 中共有 3 种创建草绘的方法。第一种方法是通过新建文件命令创建草绘文件,具体方法是单击工具栏中的【新建】按钮,打开【新建】对话框,选择【草绘】选项,输入文件名称,单击【确定】按钮进入草绘界面。与其他两种方法不同,此方法打开的绘图区即是草绘平面,而其他两种方式必须定义草绘基准平面。如果仅进行二维工程图的绘制,建议采用此种方法创建草绘。

第二种方法是在零件和装配体环境下,单击【模型】选项卡中的【草绘】按钮,系统弹出【草绘】对话框,选择草绘基准平面,单击对话框中的【草绘】按钮进入草绘界面,如图 2-2 所示。

第三种方法是在零件和装配体环境下,选择【模型】选项卡中的拉伸、旋转、扫描等实体特征命令,单击特征工具栏中的【放置】按钮,如图 2-3 所示,再单击【定义】按钮,并选择草绘基准平面,进入草绘界面。

图2-2 草绘对话框

图2-3 草绘平面设置选项

2.1.3 草绘工具的介绍

草绘界面主要由【草绘】【分析】【工具】【视图】选项卡和绘图区组成，如图2-4所示。【草绘】选项卡主要包括基本图元命令和图元编辑命令；【分析】选项卡主要用于测量和检查草图信息；【工具】选项卡主要用于建立截面尺寸和模型参数之间的关系；【视图】选项卡主要用于控制草图的方向、草图的显示以及窗口的状态。下面对部分常用功能做简要介绍。

图2-4 草绘选项卡

【设置】：栅格是在绘制草图时提供的一个辅助视觉效果，其类型和密度等可在栅格设置对话框中进行自定义。

【操作】：使用这一部分命令可以完成图元特征的选择、复制、粘贴和剪切等操作，使用Ctrl和鼠标可以选中多个图元特征。

【基准】：用于创建基准线、基准点和坐标系。

【草绘】：此部分是进行草绘的主要功能区，主要用于创建草绘图元，如线、点、弧、样条曲线、文本、倒角等。

【编辑】：对绘制的草图进行编辑，如修改、镜像、分割等。

【约束】：通过水平、竖直、相切等命令，创建两个或多个图元之间的几何约束关系，减少草绘中过多的尺寸标注，使二维草图更加简洁。

【尺寸】：对绘制的草图进行标注，如长度、角度、距离等。

【检查】：检查绘制的草图是否存在合并、重复、开放端等问题。

【测量】：用于检测绘制图元的距离、角度、半径等。

2.2 基本图形的绘制

基本图形又叫基本图元,是一切图形的组成元素,包括线、圆、弧、样条曲线、坐标系、倒角等。这些图元的绘制操作基本一样,先从【草绘】选项卡中选择要绘制的图元命令,然后在绘图窗口中单击即可进行绘制,双击鼠标中键可结束绘制。

2.2.1 线

线是绘制几何图形的基本图元,在 Creo Parametric 中有直线、直线相切、中心线和中心线相切 4 种类型,直线是绘制图形轮廓最基本的图元。

1. 直线

在 Creo Parametric 中,如果要绘制一条直线,可以使用【直线】命令,定义其起点和终点,然后双击鼠标中键结束命令即可。绘制水平线、竖直线、参考线和两边对称线(或相等线)时,系统会自动添加相应的约束。

2. 直线相切

直线相切是在两个图元之间绘制一条相切直线。选择曲线时,使用鼠标依次选择两个图元,这时会在两个图元之间创建一条直线,且与两个图元分别相切。选择点的位置不同,得到的切线也不同。

2.2.2 圆

Creo Parametric 中提供了圆心和点、同心圆、3 点和 3 相切四种创建圆的方法,增加了 Creo Parametric 特征创建的灵活性。

1. 圆心和点

【圆心和点】本质上是通过圆心和半径(直径)来定义圆。使用鼠标选择快捷工具栏中的【圆心和点】按钮后,在绘图窗口中单击定义圆心,然后拖动鼠标在圆周任意位置处单击,即可完成圆的创建。

2. 同心圆

【同心圆】是指绘制圆心相同而半径不同的圆,在 Creo Parametric 中使用同心圆命令绘制圆的前提条件是已经存在一个圆心,这个圆心可以是椭圆中心,也可以是某段弧线的弧心。选择【同心圆】按钮,在绘图窗口中单击已有圆心,然后在任意位置单击鼠标,完成同心圆的绘制。

3. 三点圆

【3 点】是指通过选择圆周上 3 个不同的点创建圆。选择【3 点】选项后,在绘图窗口

中依次单击3个点即可绘制一个圆。

4. 三相切圆

【3相切】命令使用的前提条件是绘图窗口中已存在3个圆或圆弧，此时通过与3个圆或圆弧相切创建圆。选择【3相切】选项后，在绘图窗口中依次单击需要相切的3个图元，即可完成圆的创建。

2.2.3 椭圆

Creo Parametric 中共设置了两种创建椭圆的命令，分别是【轴端点椭圆】和【中心和轴椭圆】命令。

1. 轴端点椭圆

【轴端点椭圆】是通过定义椭圆某个轴的两个端点和另外一轴的一个端点创建椭圆。单击【轴端点椭圆】按钮，在绘图窗口中通过两个端点定义椭圆某个轴，然后拖动鼠标到适当的位置单击，从而定义另一个轴的端点。

2. 中心和轴椭圆

【中心和轴椭圆】是利用椭圆的中心和两个轴的轴端点创建椭圆。单击【中心和轴椭圆】按钮，在绘图窗口中单击定义图元的中心，然后拖动鼠标定义一个轴的端点，再拖动鼠标定义另一个轴的端点，通过轴的端点来定义长短轴的长度。

2.2.4 弧

Creo Parametric 中分别可以使用【3点/相切端】【圆心和端点】【3相切】【同心】【圆锥】五种方法创建弧线。

1. 3点/相切端

【3点/相切端】是用不同的3个点创建弧线。选择【3点/相切端】选项，在绘图窗口中单击鼠标确定弧的两个端点，最后通过第三个点指定弧的半径。

2. 圆心和端点

【圆心和端点】是通过定义弧的弧心和两个端点创建一条弧线。选择【圆心和端点】选项后，首先在绘图窗口中指定一点作为弧线的弧心，然后在适当位置单击确定弧的两个端点。

3. 3相切

【3相切】是绘制一条与3个图元相切的弧线。在快捷工具栏中单击【3相切】按钮，在绘图窗口中依次单击需要相切的3个图元，完成弧线的创建。

4. 同心

【同心】是通过某一条曲线的弧心，绘制多个同心的弧线。单击【同心】按钮后，首先选择一个弧心作为弧线的同心点，然后通过定义弧的两个端点创建不同的弧线。

5. 圆锥

【圆锥】是通过圆锥的一条轴和其周边上的点定义圆锥弧。单击【圆锥】按钮后，在绘图窗口中通过两个点定义圆锥弧的一条轴，然后在适当的位置单击定义圆锥弧的周边。

2.2.5 样条曲线

通过样条曲线命令可以创建任意形式的曲线，样条曲线的形状由多个点进行控制，通过定义点的位置和数量，可以控制曲线的凹凸程度。

2.2.6 倒角与倒圆角

在零件加工过程中，为了去除零件上因机加工产生的毛刺或便于零件装配，一般会将零件棱角进行斜面或弧面加工，这种工艺称为倒角或倒圆角。

1. 倒角和倒角修剪

【倒角】和【倒角修剪】命令是在两条相交线或端点相邻的两条线之间创建一个倒角。其中【倒角】命令保留了延伸至交点的构造线，而【倒角修剪】命令不保留延伸至交点的构造线。在快捷工具栏中单击【倒角】或【倒角修剪】按钮，然后依次选择两条目标线，倒角创建后可根据实际情况修改参数。

2. 圆形和圆形修剪

【圆形】和【圆形修剪】命令是在两条相交线或端点相邻的两条线之间创建一个圆角。其中【圆形】命令保留了延伸至交点的构造线，而【圆形修剪】命令不保留延伸至交点的构造线。在快捷工具栏中单击【圆形】或【圆形修剪】按钮，然后依次选择两条目标线，倒圆角创建后可根据实际情况修改参数。

3. 椭圆形和椭圆形修剪

【椭圆形】和【椭圆形修剪】命令是在两条相交线或端点相邻的两条线之间创建一个椭圆形圆角。其中【椭圆形】命令保留了延伸至交点的构造线，而【椭圆形修剪】命令不保留延伸至交点的构造线。在快捷工具栏中单击【椭圆形】或【椭圆形修剪】按钮，然后依次选择两条目标线，倒椭圆角创建后可根据实际情况修改参数。

2.2.7 基准

在绘制零件图时，有时需要使用点、线、面作为其他图元的参照依据或称之为基准。Creo Parametric 中包括基准点、中心线以及坐标系 3 种类型的基准。

1. 基准点 ✕

基准点的用途非常广泛，既可辅助建立其他基准特征，也可辅助定义建模特征的位置或组件的安装定位。它与【草绘】功能区中的点不同，【草绘】里的点是指几何点，而基准点是作为基准的特殊点。选择【点】按钮后，在绘图窗口中适当位置单击完成基准点的创建。

2. 中心线

Creo Parametric 9.0 提供两种中心线的创建方法，基准区的中心线和草绘区的中心线，分别用来创建几何中心线和一般中心线。几何中心线一般作为旋转特征的旋转轴线；一般中心线一般用于作图辅助中心线使用，或作为截面内的对称中心线来使用。在快捷工具栏中单击【中心线】按钮，然后在绘图窗口中适当位置用两个点定义中心线。

3. 坐标系

坐标系用来创建几何坐标系，几何坐标系用于确定空间中一点的位置。可以使用基准坐标系标注样条曲线，通过坐标系指定 X、Y、Z 轴的坐标值来修改样条点；也可以将坐标系增加到截面中作为草绘参考。还可以用坐标系为每个用于混合的截面建立相对原点。

草绘区域中坐标系和基准区域中坐标系的区别：前者一般用于草图环境中的参考坐标系；后者一般用于零件建模中创建基准坐标系。

2.2.8 偏移

Creo Parametric 9.0 中可以使用偏移命令完成线、链、环等图元的偏移操作。选择【偏移】命令，然后在绘图区选择需要偏移的边或曲线，输入目标偏移量，单击鼠标中键完成边或曲线的偏移。如果对链或环图元进行偏移操作，需按住 Shift 键选择图元特征。

2.2.9 加厚

与偏移命令类似，【加厚】命令可以完成线、链、环图元的加厚操作。选择【加厚】命令，系统弹出图 2-5 所示对话框，对话框中提供了单一、链和环 3 种加厚类型，以及开放、平整和圆形 3 种端封闭类型，根据实际需求选择后，在绘图区选择需要加厚的图元，输入加厚厚度，单击鼠标中键，然后输入箭头提示方向的目标偏移量，单击鼠标中键完成图元加厚操作。

2.2.10 选项板

Creo Parametric 9.0 草绘选项板中提供了众多的图形模板，以便于用户草绘建模时直接调用。图形模板中包含了常见的多边形、工字形、十字形以及星形等截面。单击【选项板】按钮，打开图 2-6 所示对话框，在对话框中选择相应图形后，按住鼠标左键拖曳到绘图工作区，然后按照实际需求进行图形的平移、选择和缩放等操作即可。

图 2-5 加厚命令对话框

图 2-6 选项板对话框

2.3 编辑

2.3.1 尺寸修改

Creo Parametric 9.0 中，可以通过双击尺寸，直接修改数值，也可以整体修改尺寸。使用鼠标框选全部图元和尺寸，单击【修改】按钮，为了防止修改某一尺寸后整体图元形状或比例发生较大变化，在弹出的对话框中可以取消【重新生成】复选框，然后修改尺寸，最后单击【确定】按钮完成整体尺寸修改。

2.3.2 镜像

对于对称的模型或特征，草绘时为了简化建模过程，提高建模效率，通常只草绘一半，然后通过【镜像】命令创建完整模型或特征。在 Creo Parametric 9.0 中使用【镜像】命令时，首先在绘图窗口中选择需要镜像的图元，然后单击【镜像】按钮，最后选择中心线完成图元镜像操作。

2.3.3 分割

【分割】命令就是将线分割成任意段。单击【分割】按钮后，鼠标指针会变成带叉号的光标，然后在目标图元上选择分割点，即可完成分割。此命令多用于对圆和其他图元进行倒角操作。

2.3.4 删除段

【删除段】命令用于动态修剪图元多余线段，通常和分割命令配合使用。选择【删除段】命令后，在绘图窗口中按住鼠标左键拖动鼠标，选择要修剪的图元，进行删除操作。

2.3.5 拐角

【拐角】命令多用于删除两个相交图元的多余线段。在快捷工具栏中单击【拐角】按钮后，在绘图窗口中依次选择两条相交线段，完成多余线段的修剪。在使用【拐角】命令修剪图元时，使用鼠标选择的部分是需要保留的图元。

2.3.6 旋转调整大小

使用【旋转调整大小】命令可对草绘区域中的点、线、面特征进行平移、旋转和缩放等操作。选择需要调整的图元后，单击【旋转调整大小】按钮，系统弹出图2-7所示对话框。在参考选项卡中选择中心线或线作为水平参考，点或坐标系作为旋转参考；然后根据实际需求，在【平移】选项卡中输入平行和垂直方向的移动数值；在【旋转】选项卡中输入旋转角度；在【缩放】选项卡中输入缩放因子，单击【确定】按钮，完成图元的平移、旋转和缩放操作。如果用户没有选择参考项，此时系统默认参考点为图元的中心点。

图2-7 旋转调整大小对话框

2.4 标注与约束

2.4.1 标注

一个完整的工程图纸，除零部件的基本轮廓外，还需有准确、详尽和清晰的尺寸标注，作为零部件加工生产时的依据。在Creo Parametric 9.0中，尺寸标注有强、弱尺寸两种类型。其中，绘图时系统自动生成的尺寸为弱尺寸，呈现灰色，双击该尺寸可修改，修改后变为强尺寸。强尺寸比弱尺寸的约束力强，且强尺寸之间不能有冲突。

1. 法向标注

法向标注作为最常见的一种标注方式，是对点、线、矩形和圆等图元尺寸最直接的标注方法。使用【法向标注】选项，然后选择需要标注的图元，单击鼠标中键完成尺寸标注。

2. 周长标注

周长标注主要用于图元链或图元环的长度标注。单击【周长标注】按钮，按住 Ctrl 键在图元链中选择要标注的图元，然后单击【选择】对话框里的【确定】按钮，系统会提示选择一个现有尺寸作为可变尺寸，从而创建一个周长尺寸。单击选择一个可变尺寸，再单击鼠标中键，完成周长尺寸的标注。如果删除可变尺寸，那么周长尺寸也会被删除。

3. 参考尺寸

使用参考尺寸可以简化绘图过程中不必要的一些尺寸标注，使用【参考】选项，选择目标图元后单击鼠标中键创建参考尺寸，此时会在尺寸标注后面显示"参考"中文字样。

4. 基线

基线尺寸的作用是把其他图元尺寸变为相对基线的尺寸，当一个二维草绘中多个尺寸依托于某一图元特征时，使用基线命令可以使图形草绘标注更加清晰简洁。使用【基线】选项，选择目标基线后单击鼠标中键完成创建，此时选择的图元尺寸会显示"00"字样。

2.4.2 约束

约束用于定义图元和图元之间的关系，如两条直线的相等、垂直、平行等。利用约束可以简化尺寸标注，在 Creo Parametric 9.0 里共有竖直、水平、垂直、相切、中点、重合、对称、相等、平行 9 种约束关系。

1. 竖直

使任意一条直线沿竖直方向对齐两个顶点。使用【竖直】约束，选择绘图窗口中直线，单击鼠标中键创建竖直约束。

2. 水平

使任意一条直线沿水平方向对齐两个顶点。使用【水平】约束，选择绘图窗口中直线，单击鼠标中键创建水平约束。

3. 垂直

使两个图元垂直。使用【垂直】约束，在绘图窗口中选择两条直线，单击鼠标中键创建垂直约束。

4. 相切

使两个图元相切。使用【相切】约束，在绘图窗口中选择两个图元，单击鼠标中键创建相切约束。

5. 中点

在线或圆弧的中点放置点（可以是图元的某一点）。使用【中点】约束，在绘图窗口中先选择要放置的点，再选定放置的图元，单击鼠标中键创建中点约束。

6. 重合

使某一点与图元上的一点重合或与图元共线。使用【重合】约束，在绘图窗口中先选择点，再选择放置的图元，单击鼠标中键创建重合约束。

7. 对称

使两点或顶点关于某一中心线对称，是点与点的对称，必须要有中心线。使用【对称】约束，在绘图窗口中先选择要对称的点，再选中心线，最后选择另一个点，单击鼠标中键创建对称约束。

8. 相等

创建等长、等半径、等曲率的约束。选择【相等】约束，在绘图窗口中依次选择目标图元，单击鼠标中键创建相等约束。当图元尺寸为弱尺寸时，使用相等约束，此时尺寸为多个图元尺寸的平均值。

9. 平行

使两条线平行。选择【平行】约束，在绘图窗口中依次选择两条直线后，单击鼠标中键创建平行约束。

在 Creo Parametric 9.0 中，图元约束不足，系统会产生较多尺寸标注，而过多的约束又会导致工程图尺寸不完整，不便于零件的加工生产，因此要根据实际情况适当使用约束。

2.5 检查工具

为了便于用户检查草绘过程中的特征细节，Creo Parametric 9.0 提供了突出显示重叠、突出显示相交、突出显示连接处、突出显示开放端和着色封闭环等选项，以及交点、相切点和图元的信息查看功能，草绘时使用最多的是突出显示重叠、突出显示开放端和着色封闭环3项功能。草绘时可以单击选择检查工况中的相关选项，使其置于选中状态，此时系统可帮助用户检查相关的草绘特征。

2.5.1 突出显示重叠

Creo Parametric 9.0 草绘中，如果出现两个或多个图元交叉重叠的现象，则无法生成三维模型。如果想检查草绘中是否有重叠几何，则单击【重叠几何】按钮，当草绘中存在两个及以上图元交叉重叠的情况时，图元重叠区域会高亮显示，如图 2-8a 所示。

2.5.2 突出显示开放端

草绘时，可通过突出显示开放端检查当前草绘图元有无开放端，如果图元不是闭合的，则会在图元的开放端处高亮显示红色点，如图 2-8b 所示。此功能多用于直线或弧等图元存在多个重复特征，而无法直观判断的场景。

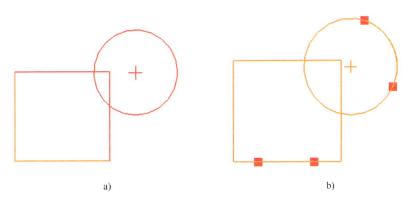

图 2-8 突出显示重叠和开放端示意图

2.5.3 着色封闭环

草绘时，在【着色封闭环】按钮被选中的情况下，当绘制的图形不封闭时，草图将无任何变化；若草图中有多个封闭环，系统将在所有封闭的图形中填充颜色；如果用封闭环创建新图元，则新图元将自动着色显示；如果草图中存在几个彼此包含的封闭环，则最外的封闭环被着色，而内部的封闭环将不着色。着色封闭环示意图如图 2-9 所示。

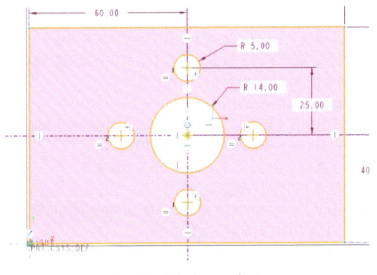

图 2-9 着色封闭环示意图

练 习 题

1. 草绘变速器壳体（图 2-10）

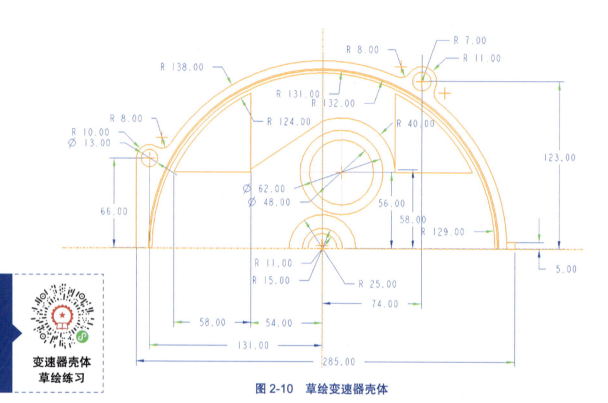

图 2-10 草绘变速器壳体

本节以某变速器壳体为例利用 Creo Parametric 9.0 草绘工具绘制其二维主视图，绘制顺序为由内到外依次进行绘制，随后对细节进行处理，具体绘制步骤如下：

1）新建工程文件，选择草绘类型。

2）选择【草绘】选项卡下的【中心线】工具，在绘图区绘制水平和竖直中心线。

3）选择【草绘】选项卡下的【圆心和端点】工具，在绘图区绘制半径分别为 $R11$、$R15$、$R25$、$R129$、$R131$、$R132$ 和 $R138$ 的七个同心圆弧。

4）利用中心线和构造线绘制辅助图元。

5）选择【草绘】选项卡下的【圆】工具，绘制 $\phi48$ 和 $\phi62$ 两个同心圆。

6）利用构造线绘制变速器壳体外围螺栓孔辅助图元。

7）选择【草绘】选项卡下的【圆】工具，绘制外围螺栓孔。

8）选择【圆形修剪】工具进行倒圆角处理。

9）利用【线链】和【3 点 / 相切端】绘制变速器壳体单侧内部图元。

10）使用【镜像】命令进行内部图元镜像操作。

11）选择【修改】工具，进行尺寸修改。

12）使用【分析】选项卡下的【突出显示开放端】和【着色封闭环】检查草绘几何特征。

2. 草绘支座（图 2-11）

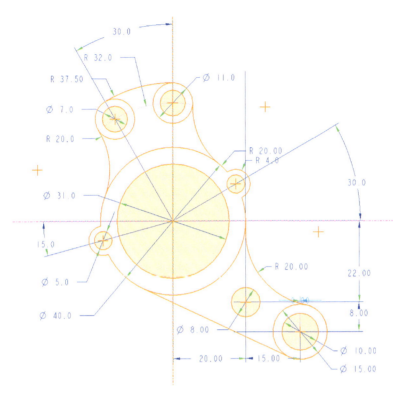

图 2-11 草绘支座

本节以某支座为例绘制其二维草绘模型，首先绘制支座的基础圆特征，然后绘制构造线或构造圆弧线，随后草绘支座的附属特征，最后进行尺寸标注完成草绘。具体绘制步骤如下：

1）新建工程文件，选择草绘类型。
2）选择【草绘】选项卡下的【中心线】工具，在绘图区绘制中心线。
3）选择【草绘】选项卡下的【圆心和点】工具，在绘图区绘制支座基础圆特征。
4）草绘构造圆弧和构造线，并标注角度。
5）绘制附属特征完成绘制。
6）选择【修改】工具，进行尺寸修改。
7）检查草绘几何特征。

总　　结

本章对草绘的基本思路和流程做了基本阐述，详细介绍了【草绘】选项卡下的各种命令类型、操作方法和适用场景，并通过草绘实例进一步对草绘步骤、草绘命令以及草绘过程中的注意事项做了详细介绍。

第 3 章 基础特征

☞ **学习目标：**

内容	掌握程度	建议课时
拉伸特征	★★★★★	1
旋转特征	★★★★★	1
扫描特征	★★★★★	1
螺旋扫描特征	★★★	0.5
混合特征	★★★★	1
旋转混合特征	★★★★	1

☞ **学习建议：**

本章主要任务是掌握 Creo 中拉伸、旋转、扫描、混合等主要基本特征的创建方法。通过本章的学习，需要了解各基本特征的工作界面，熟练掌握各基本特征的建模要点和难点，在学习的过程中要思考这些基本特征可能使用的场景。

☞ **思维导图：**

第3章 基础特征

3.1 拉伸特征

3.1.1 操控选项板介绍

【拉伸】特征可以将草绘截面沿草绘平面方向拉伸指定的长度,可用于实体、曲面等的创建,也可用于添加或移除材料。

在【模型】选项卡中,单击【拉伸】按钮,系统弹出【拉伸】操控选项板,如图3-1所示。

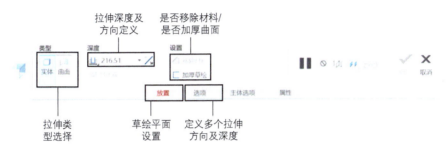

图3-1 拉伸操控选项板

【拉伸】操控选项板中主要操作命令的具体含义如下:

1)□:生成实体的拉伸特征。

2)□:生成曲面的拉伸特征。

3)±:选择拉伸深度类型,单击该图标右下角的三角按钮,有三种拉伸深度类型供选择,各类型含义如下:

① ±ⅰ可变:从草绘平面以指定的深度值创建拉伸特征。

② ⊟对称:以草绘平面为对称平面并以指定的深度值创建拉伸特征。

③ ±ⅰ到参考:将截面拉伸至选定的点、曲线、平面或曲面。

4)216.51 ✓:指定拉伸深度值及更改拉伸深度方向。

5)✓ 移除材料:去除材料或修剪实体。

6)□ 加厚草绘:拉伸类型选择曲面时,可用此命令创建薄壁实体。

7)【放置】选项卡:单击【放置】选项卡,进入草绘平面的定义设置,如图3-2所示,可直接单击绘图区域中的平面作为草绘平面,也可单击【定义…】按钮进入【草绘】对话框。

8)【选项】选项卡:单击【选项】选项卡,可对【侧1】【侧2】的拉伸深度类型及深度数值进行定义,如图3-3所示;在曲面拉伸类型下,勾选【封闭端】选项,可将曲面两端开放区域封闭;勾选【添加锥度】选项,下方文本框变为可用,输入锥度数值即可将拉伸特征添加锥度。

9)【主体选项】选项卡:单击【主体选项】选项卡,可定义新生成的拉伸特征合并到其他几何体或创建新主体,如图3-4所示。

图 3-2 【放置】选项卡

图 3-3 【选项】选项卡

10)【属性】选项卡：单击【属性】选项卡，可修改【名称】文本框中拉伸特征的名称，如图 3-5 所示。

图 3-4 【主体选项】选项卡

图 3-5 【属性】选项卡

3.1.2 创建拉伸特征的操作步骤

1)单击【模型】选项卡【形状】区域中的【拉伸】按钮，系统弹出【拉伸】操控选项板。

2)单击【拉伸】选项板下方的【放置】按钮，在展开的图 3-2 所示的【放置】选项卡中单击【定义...】按钮，系统弹出图 3-6 所示的【草绘】对话框。也可直接右键单击绘图区，在弹出的图 3-7 所示的快捷菜单中选择【定义内部草绘】命令，从而打开【草绘】对话框。

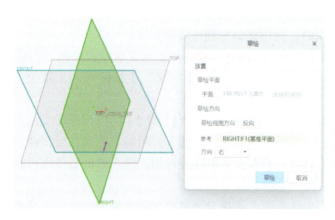

图 3-6 【草绘】对话框

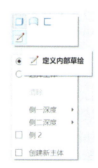

图 3-7 【内部草绘】快捷菜单

3）在绘图区域中分别选择合适的草绘平面和参考平面后，单击【草绘】按钮进入草绘环境。

4）在草绘环境【设置】区域中单击【草绘视图】按钮，使草绘平面与屏幕平行。在草绘环境下绘制草绘图形，完成后单击✓按钮退出草绘环境。

5）在【拉伸】选项板中进行适当的设置，如选择拉伸类型、拉伸深度选项及拉伸数值等，完成后在绘图区域内查看拉伸特征效果，最后单击✓按钮退出。

3.1.3 实例——绘制底座

1. 设置工作目录、新建文件

1）设置工作目录至 Creo 9.0\第三章\第 1 节。

2）单击工具栏中【新建】按钮，在弹出的【新建】对话框【类型】区域中选择【零件】，在【子类型】区域中选择【实体】，在【文件名】文本框中输入文件名"dizuo"，取消勾选【使用默认模板】，如图 3-8 所示，单击【确定】按钮，系统弹出【新文件选项】对话框，在【模板】区域中选择【mmns_part_solid_abs】模板，如图 3-9 所示，单击【确定】按钮，进入零件创建环境。

图 3-8 【新建】对话框

图 3-9 【新文件选项】对话框

2. 创建拉伸特征

1）单击【模型】选项卡【形状】区域中的【拉伸】按钮，系统弹出【拉伸】操控选项板，保持【拉伸】操控选项板【类型】区域中【实体】按钮呈按下状态。

2）单击【拉伸】选项板下方的【放置】按钮，单击【放置】选项卡中【定义…】按钮，系统弹出【草绘】对话框，在绘图区域中选择 FRONT 面为草绘平面，RIGHT 面为参考平面，方向向右，单击【草绘】对话框底部的【草绘】按钮，进入草绘环境。

3）在草绘环境【设置】区域中单击【草绘视图】按钮，使草绘平面与屏幕平行。在草绘环境下绘制图 3-10 所示的截面草图，完成后单击 ✓ 按钮退出草绘环境。

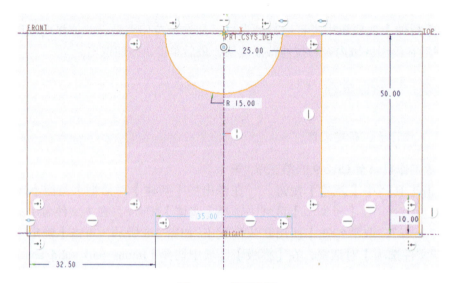

图 3-10　截面草图

4）在【拉伸】选项板【深度】区域中选择【对称】按钮，在文本框中输入拉伸深度"80"，生成的拉伸特征如图 3-11 所示。

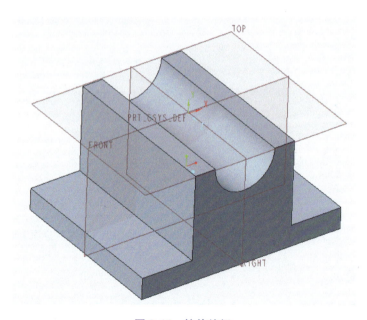

图 3-11　拉伸特征

5）单击【模型】选项卡【基准】区域中的【草绘】按钮，系统弹出【草绘】对话框，从绘图区域中选择 FRONT 面为草绘平面，RIGHT 面为参考平面，方向向右，单击

【草绘】对话框底部的【草绘】按钮,进入草绘环境。

6)在草绘环境【设置】区域中单击【草绘视图】按钮,使草绘平面与屏幕平行。在草绘环境下绘制图 3-12 所示的截面草图,完成后单击 ✓ 按钮退出草绘环境。

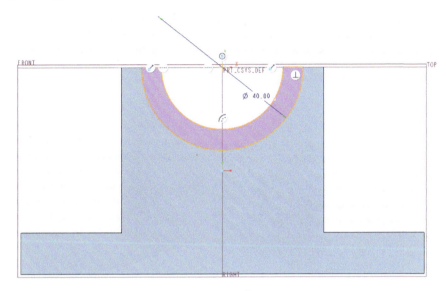

图 3-12 【草绘 1】截面草图

7)重复步骤 5)和步骤 6),绘制图 3-13 所示的截面草图,此时模型树中出现【草绘 1】和【草绘 2】两个外部草绘特征。

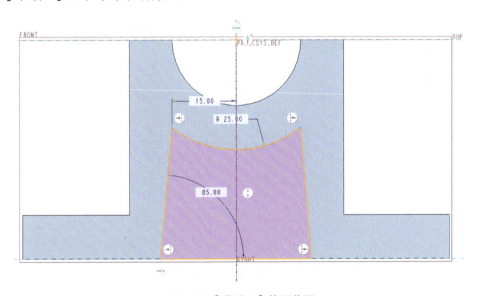

图 3-13 【草绘 2】截面草图

8)单击【模型】选项卡【形状】区域中的【拉伸】按钮,弹出【拉伸】操控选项板,保持【拉伸】操控选项板【类型】区域中【实体】按钮呈按下状态。

9)单击【拉伸】选项板下方的【放置】按钮,在模型树中选择步骤 5)和步骤 6)创建的【草绘1】作为该拉伸特征的截面草图。

10）在【拉伸】选项板【深度】区域中选择【对称】按钮，在文本框中输入拉伸深度"86"，完成后单击 ✔ 按钮退出【拉伸】选项板。

11）重复步骤9），将【草绘2】作为拉伸特征的截面草图。

12）在【拉伸】选项板【深度】区域中选择【对称】按钮，在文本框中输入拉伸深度"60"，将【设置】区域中的【移除材料】按钮按下，完成后单击 ✔ 按钮退出【拉伸】选项板，如图 3-14 所示。

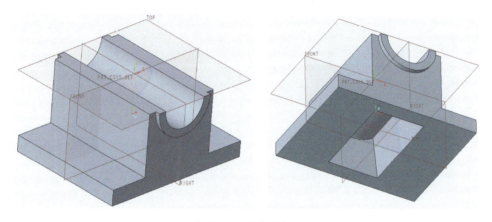

图 3-14　拉伸特征

13）重复步骤9），将【草绘1】作为拉伸特征的截面草图，在【拉伸】选项板【深度】区域中选择【对称】按钮，在文本框中输入拉伸深度"60"，将【设置】区域中的【移除材料】按钮按下，完成后单击 ✔ 按钮退出【拉伸】选项板，如图 3-15 所示，完成底座零件的创建。

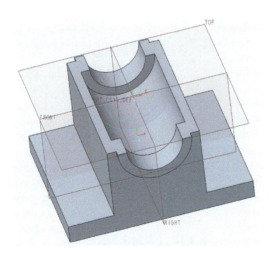

图 3-15　拉伸特征

14）单击工具栏【保存】按钮，系统弹出【保存对象】对话框，采用默认名称并单击【确定】按钮，完成文件的保存。

3.2 旋转特征

3.2.1 操控选项板介绍

旋转特征是草绘截面绕着一条中心轴线旋转而形成的形状特征，因此旋转特征必须有一条绕其旋转的中心线。使用【旋转】命令可以创建实体、曲面及薄壁特征，也可用于添加或移除材料。

在【模型】选项卡中，单击【旋转】按钮 旋转，系统弹出【旋转】操控选项板，如图 3-16 所示。

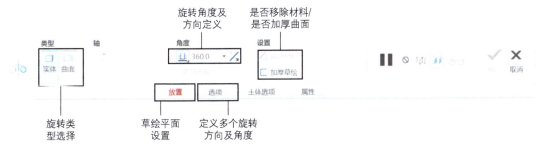

图 3-16 旋转操控选项板

【旋转】操控选项板中主要操作命令的具体含义如下：

1）▢：生成实体的旋转特征。

2）▢：生成曲面的旋转特征。

3）⊥：选择旋转角度类型，单击该图标右下角的三角按钮，有三种旋转角度类型供选择，各类型含义如下：

① ⊥ 可变：从草绘平面以指定的角度值创建旋转特征。

② ⊞ 对称：以草绘平面为对称平面并以指定的角度值创建旋转特征。

③ ⊥ 到参考：将截面旋转至选定的点、曲线、平面或曲面。

4）360.0 ％：指定旋转角度值及更改旋转角度方向。

5）％ 移除材料：去除材料或修剪实体。

6）▢ 加厚草绘：旋转类型选择曲面时，可用此命令创建薄壁实体。

7）【放置】选项卡：单击【放置】选项卡，进入草绘平面和旋转轴的定义设置，如图 3-17 所示，可直接单击绘图区域中的平面作为草绘平面，也可单击【定义...】按钮进入【草绘】对话框。

8）【选项】选项卡：单击【选项】选项卡，可对【侧1】【侧2】的旋转角度类型及角度数值进行定义，如图 3-18 所示；在曲面旋转类型下，勾选【封闭端】选项，可将曲面两端开放区域封闭。

9）【主体选项】选项卡：单击【主体选项】选项卡，可定义新生成的旋转特征合并到其他几何体或创建新主体，如图 3-19 所示。

图 3-17 【放置】选项卡

图 3-18 【选项】选项卡

10)【属性】选项卡：单击【属性】选项卡，可修改【名称】文本框中旋转特征的名称，如图 3-20 所示。

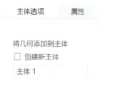

图 3-19 【主体选项】选项卡

图 3-20 【属性】选项卡

3.2.2 创建旋转特征的操作步骤

1)单击【模型】选项卡【形状】区域中的【旋转】 按钮，系统弹出【旋转】操控选项板。

2)单击【旋转】选项板下方的【放置】按钮，在展开的图 3-17 所示的【放置】选项卡中单击【定义...】按钮，系统弹出图 3-21 所示的【草绘】对话框。也可直接右键单击绘图区，在弹出的图 3-22 所示的快捷菜单中选择【定义内部草绘】命令，从而打开【草绘】对话框。

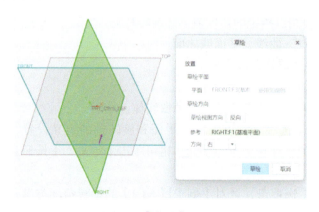

图 3-21 【草绘】对话框

图 3-22 【内部草绘】快捷菜单

3)在绘图区域中分别选择合适的草绘平面和参考平面后，单击【草绘】按钮进入草绘环境。

4)在草绘环境【设置】区域中单击【草绘视图】按钮 ，使草绘平面与屏幕平行。

在草绘环境下绘制中心线和草绘图形，需要注意的是，草绘图形必须位于中心线的同一侧，当草绘过程中有两条以上中心线时系统默认第一条中心线为旋转轴，如需调整旋转轴，可在作为旋转轴的中心线上单击右键，选择【指定旋转轴】，如图3-23所示，完成后单击✔按钮退出草绘环境。

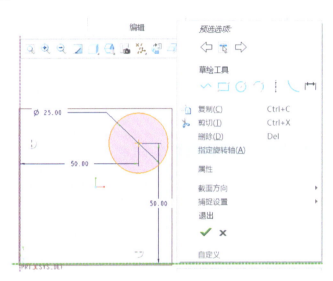

图 3-23 更换旋转轴

5）在【旋转】选项板中进行适当的设置，如选择旋转类型、旋转角度选项及角度数值等，完成后在绘图区域内查看旋转特征效果，最后单击✔按钮退出。

3.2.3 实例——绘制驱动轴

1. 设置工作目录、新建文件

1）设置工作目录至 Creo 9.0\第三章\第2节。

2）单击工具栏中【新建】按钮，在弹出的【新建】对话框【类型】区域中选择【零件】◉ 🗋 零件，在【子类型】区域中选择【实体】◉ 实体，在【文件名】文本框中输入文件名 "qudongzhou"，取消勾选【使用默认模板】，单击【确定】按钮，系统弹出【新文件选项】对话框，在【模板】区域中选择【mmns_part_solid_abs】模板，单击【确定】按钮，进入零件创建环境。

2. 创建旋转特征

1）单击【模型】选项卡【形状】区域中的【旋转】 旋转 按钮，系统弹出【旋转】操控选项板，保持【旋转】操控选项板【类型】区域中【实体】按钮呈按下状态。

2）单击【旋转】选项板下方的【放置】按钮，单击【放置】选项卡中【定义…】按钮，系统弹出【草绘】对话框，从绘图区域中选择FRONT面为草绘平面，RIGHT面为参考平面，方向向上，单击【草绘】对话框底部的【草绘】按钮，进入草绘环境。

3）在草绘环境【设置】区域中单击【草绘视图】按钮，使草绘平面与屏幕平行。在草绘环境下绘制图 3-24 所示的截面草图，完成后单击 ✓ 按钮退出草绘环境。

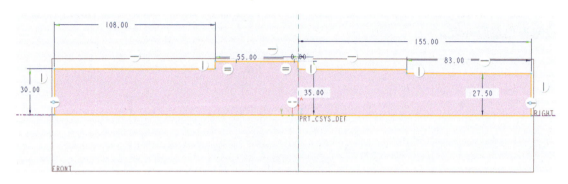

图 3-24　截面草图

4）在【旋转】选项卡【角度】区域文本框中输入角度值"360"，完成后单击 ✓ 按钮退出旋转特征的创建，生成的旋转特征如图 3-25 所示。

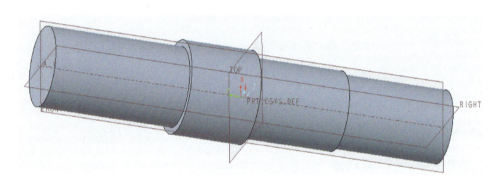

图 3-25　旋转特征

5）单击【模型】选项卡【基准】区域中的【平面】按钮，系统弹出【基准平面】对话框，在绘图区域中选择 FRONT 面，在【基准平面】对话框【参考】区域的【偏移】文本框中输入偏移量 22mm，将 FRONT 面偏移，如图 3-26 所示，单击【确定】按钮，生成 DTM1 平面。

6）重复步骤 5），将 FRONT 面偏移 19.5mm，生成 DTM2 平面。

7）单击【模型】选项卡【形状】区域中的【拉伸】按钮，系统弹出【拉伸】操控选项板，保持【拉伸】操控选项板【类型】区域中【实体】按钮呈按下状态。

8）单击【拉伸】选项板下方的【放置】按钮，单击【放置】选项卡中【定义...】按钮，系统弹出【草绘】对话框，在绘图区域或模型树中选择 DTM1 面为草绘平面，RIGHT 面为参考平面，方向向上，单击【草绘】对话框底部的【草绘】按钮，进入草绘环境。

9）在草绘环境【设置】区域中单击【草绘视图】按钮，使草绘平面与屏幕平行。在草绘环境下绘制图 3-27 所示的截面草图，完成后单击 ✓ 按钮退出草绘环境。

图 3-26 【基准平面】对话框　　　　　　　图 3-27 拉伸截面草图

10）在【拉伸】选项板【深度】区域中选择【可变】按钮，在【设置】区域中将【移除材料】按钮按下，完成后单击✓按钮退出拉伸特征的创建，生成第一个键槽特征。

11）重复步骤 7）~步骤 10），在草绘平面 DTM2 上绘制图 3-28 所示的截面草图，生成第二个键槽特征，如图 3-29 所示。

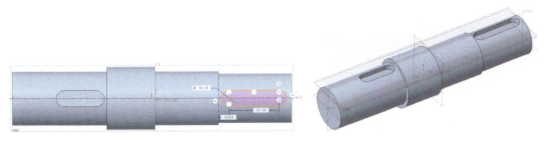

图 3-28 拉伸截面草图　　　　　　　图 3-29 拉伸键槽特征

12）单击【模型】选项卡【工程】区域中的【倒角】按钮，系统弹出【倒角】操控选项板，依次单击驱动轴两端圆周边，在【倒角】操控选项板【尺寸标注】区域标注方式选择【DXD】，D 处文本框输入 2.5，完成后单击✓按钮退出倒角特征的创建，如图 3-30 所示。

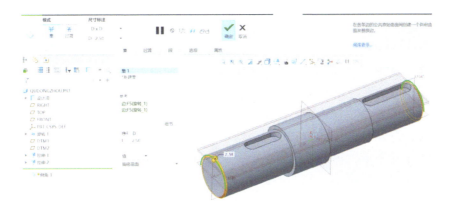

图 3-30 倒角特征

13）单击工具栏【保存】按钮，系统弹出【保存对象】对话框，采用默认名称并单击【确定】按钮，完成文件的保存。

3.3 扫描特征

3.3.1 扫描操控选项板介绍

扫描特征是将草绘截面沿着给定的轨迹移动而形成的一类特征。要创建或重新定义一个扫描特征，必须给定两大特征要素：扫描轨迹和扫描截面，其中扫描轨迹可以使用草绘，也可以采用由选定的基准曲线或边组成的轨迹。

在【模型】选项卡中，单击【扫描】按钮 扫描，系统弹出【扫描】操控选项板，如图 3-31 所示。

图 3-31 扫描操控选项板

【扫描】操控选项板中主要操作命令的具体含义如下：

1）：生成实体的扫描特征。

2）：生成曲面的扫描特征。

3）草绘：进入草绘界面草绘扫描截面，该按钮只有在【参考】选项卡中选取轨迹后才高亮显示。

4）移除材料：去除材料或修剪实体。

5）加厚草绘：扫描类型选择曲面时，可用此命令创建薄壁实体。

6）恒定截面：沿扫描轨迹进行草绘时截面保持不变。

7）可变截面：允许草绘截面根据参数化参考或沿扫描轨迹的关系而变化。

8）【参考】选项卡：单击【参考】选项卡，进入扫描轨迹选择及控制设置，如图 3-32 所示，可直接拾取绘图区域中的草绘曲线作为扫描轨迹，也可单击图 3-31 所示右侧的草绘按钮进入草绘界面草绘扫描轨迹；【参考】选项卡可以对截平面进行控制，包括垂直于轨迹、恒定法向、垂直于投影三种方式。

9）【选项】选项卡：单击【选项】选项卡，可对草绘截面放置点进行定义，默认为扫描轨迹起点，如图 3-33 所示；在曲面扫描类型下，勾选【封闭端】选项，可将曲面两端开放区域封闭。

10）【相切】选项卡：单击【相切】选项卡，可对扫描轨迹控制点与选定曲面进行控制。

第3章 基础特征

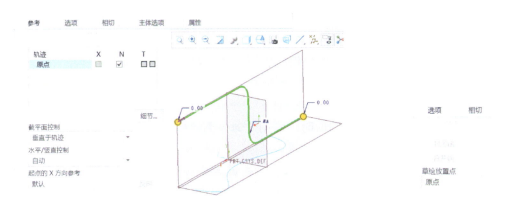

图 3-32 【参考】选项卡　　　　　　　　图 3-33 【选项】选项卡

11)【主体选项】选项卡：单击【主体选项】选项卡，可定义新生成的扫描特征合并到其他几何体或创建新主体，如图 3-34 所示。

12)【属性】选项卡：单击【属性】选项卡，可修改【名称】文本框中扫描特征的名称，如图 3-35 所示。

图 3-34 【主体选项】选项卡　　　　　　图 3-35 【属性】选项卡

3.3.2 螺旋扫描操控选项板介绍

螺旋扫描特征是将一个草绘截面沿着一条螺旋轨迹线扫描而成的特征。可进行等螺距螺旋扫描、变螺距螺旋扫描、变轨迹螺旋扫描等特征的创建，主要包括中心线、螺旋截面、螺旋轨迹三个要素。

在【模型】选项卡中，单击【螺旋扫描】按钮 螺旋扫描，系统弹出【螺旋扫描】操控选项板，如图 3-36 所示。

图 3-36 螺旋扫描操控选项板

【螺旋扫描】操控选项板中主要操作命令的具体含义如下：

041

1）⬜：生成实体的螺旋扫描特征。

2）⬜：生成曲面的螺旋扫描特征。

3）草绘：进入草绘界面草绘螺旋扫描截面，该按钮只有在【参考】选项卡中定义螺旋轨迹和螺旋轴后才高亮显示。

4）移除材料：去除材料或修剪实体。

5）加厚草绘：扫描类型选择曲面时，可用此命令创建薄壁实体。

6）左手定则 右手定则：螺旋旋向设置。

7）【参考】选项卡：单击【参考】选项卡，进入螺旋扫描轨迹、螺旋轴选择及控制设置，如图3-37所示，可直接拾取绘图区域中的草绘曲线作为螺旋扫描轨迹，也可单击图3-36所示右侧的草绘按钮进入草绘界面草绘螺旋扫描轨迹；【参考】选项卡可以对螺旋截面方向进行控制，包括【穿过螺旋轴】【垂直于轨迹】。

8）【间距】选项卡：单击【间距】选项卡，可对螺距进行定义，如图3-38所示。

图3-37 【参考】选项卡　　　　图3-38 【间距】选项卡

9）【选项】选项卡：单击【选项】选项卡，可对沿螺旋轨迹方向上的草绘截面进行调整，【常量】为沿螺旋扫描轨迹的草绘截面保持不变，【变量】为沿螺旋扫描轨迹的草绘截面根据参数化参考或沿螺旋扫描轨迹的关系而变化，如图3-39所示；在曲面扫描类型下，勾选【封闭端】选项，可将曲面两端开放区域封闭。

10）【主体选项】选项卡：单击【主体选项】选项卡，可定义新生成的螺旋扫描特征合并到其他几何体或创建新主体，如图3-40所示。

图3-39 【选项】选项卡　　　　图3-40 【主体选项】选项卡

11）【属性】选项卡：单击【属性】选项卡，可修改【名称】文本框中螺旋扫描特征的名称。

3.3.3 实例——绘制吊环

1. 设置工作目录、打开文件

1）设置工作目录至 Creo 9.0\ 第三章 \ 第 3 节。

2）单击工具栏中【打开】按钮，在弹出的【文件打开】对话框中选择工作目录下的 "diaohuan.prt"，单击【打开】按钮，打开目标文件。

绘制吊环

2. 创建扫描特征

1）在【模型】选项卡中，单击【扫描】按钮 扫描，系统弹出【扫描】操控选项板，保持【扫描】操控选项板【类型】区域中【实体】按钮呈按下状态。

2）单击【扫描】操控选项板最右侧的【基准】，选择【草绘】按钮 草绘 (S)，进入草绘界面草绘扫描轨迹，在弹出的【草绘】对话框中设置 TOP 面为草绘平面，RIGHT 为参考平面，方向向右，单击【草绘】对话框底部的【草绘】按钮，进入草绘环境。

3）在草绘环境【设置】区域中单击【草绘视图】按钮，使草绘平面与屏幕平行。在草绘环境下绘制图 3-41 所示的截面草图，完成后单击 ✓ 按钮退出草绘环境，完成扫描轨迹的创建。

4）单击【扫描】操控选项板【截面】区域的【草绘】按钮 草绘，进入扫描截面的草绘设置，在草绘环境【设置】区域中单击【草绘视图】按钮，使草绘平面与屏幕平行。在草绘环境下绘制图 3-42 所示的截面草图，完成后单击 ✓ 按钮退出草绘环境，完成扫描截面的创建。

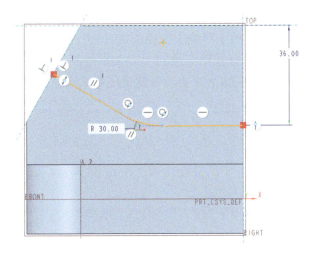

图 3-41 扫描轨迹的创建

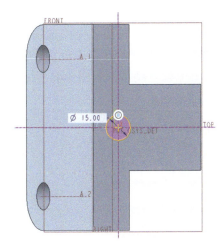

图 3-42 扫描截面的创建

5）单击【扫描】操控选项板【设置】区域的【移除材料】按钮 移除材料，并在【参考】选项卡【截平面控制】中选择【垂直于轨迹】，效果如图 3-43 所示，完成后单击 ✓ 按钮退出扫描特征的创建。

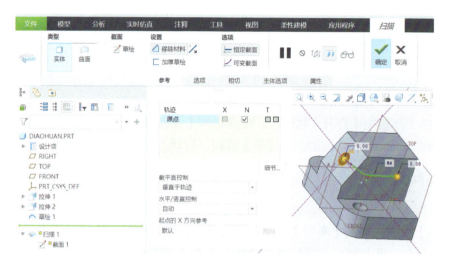

图 3-43 扫描特征的创建

6）单击【模型】选项卡【基准】区域中的【草绘】按钮，系统弹出【草绘】对话框，在绘图区域中选择 FRONT 面为草绘平面，RIGHT 面为参考平面，方向向右，单击【草绘】对话框底部的【草绘】按钮，进入草绘环境。

7）在草绘环境【设置】区域中单击【草绘视图】按钮，使草绘平面与屏幕平行。在草绘环境下绘制图 3-44 所示的截面草图，完成后单击 ✓ 按钮退出草绘环境。

8）在【模型】选项卡中，单击【扫描】按钮 扫描，系统弹出【扫描】操控选项板，保持【扫描】操控选项板【类型】区域中【实体】按钮呈按下状态。

9）单击【扫描】操控选项板【参考】选项卡【轨迹】区域的【选择项】，在绘图区域选择步骤 7）中创建的外部草绘作为扫描轨迹，【截平面控制】选择【垂直于轨迹】。

10）单击【扫描】操控选项板【截面】区域的【草绘】按钮 草绘，进入扫描截面的草绘设置，在草绘环境【设置】区域中单击【草绘视图】按钮，使草绘平面与屏幕平行。在草绘环境下绘制图 3-45 所示的截面草图，完成后单击 ✓ 按钮退出草绘环境，完成扫描截面的创建。

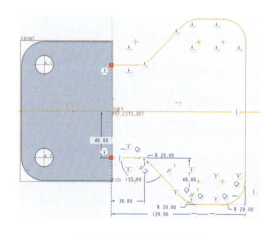

图 3-44 扫描轨迹的创建

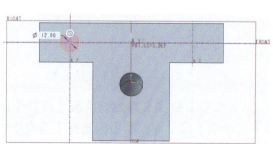

图 3-45 扫描截面的创建

11）在绘图区域预览吊环生成效果，完成后单击✓按钮退出扫描特征的创建。

12）单击工具栏【保存】按钮，系统弹出【保存对象】对话框，采用默认名称并单击【确定】按钮，完成文件的保存。

3.3.4 实例——绘制弹簧

1. 设置工作目录、新建文件

1）设置工作目录至 Creo 9.0\第三章\第 3 节。

2）单击工具栏中【新建】按钮，在弹出的【新建】对话框【类型】区域中选择【零件】，在【子类型】区域中选择【实体】，在【文件名】文本框中输入文件名"tanhuang"，取消勾选【使用默认模板】，单击【确定】按钮，系统弹出【新文件选项】对话框，在【模板】区域中选择【mmns_part_solid_abs】模板，单击【确定】按钮，进入零件创建环境。

2. 创建弹簧特征

1）在【模型】选项卡中，单击【螺旋扫描】按钮，系统弹出【螺旋扫描】操控选项板。

2）单击【螺旋扫描】选项板下方的【参考】按钮，单击【参考】选项卡中【螺旋轮廓】区域的【定义...】按钮，系统弹出【草绘】对话框，在绘图区域中选择 FRONT 面为草绘平面，RIGHT 面为参考平面，方向向右，单击【草绘】对话框底部的【草绘】按钮，进入草绘环境。

3）在草绘环境【设置】区域中单击【草绘视图】按钮，使草绘平面与屏幕平行。在草绘环境下绘制图 3-46 所示的截面草图，完成后单击✓按钮退出草绘环境。

4）单击【螺旋扫描】操控选项板【截面】区域的【草绘】按钮，进入螺旋扫描截面的草绘设置，在草绘环境【设置】区域中单击【草绘视图】按钮，使草绘平面与屏幕平行。在草绘环境下绘制图 3-47 所示的截面草图，完成后单击✓按钮退出草绘环境，完成螺旋扫描截面的创建。

5）单击【螺旋扫描】选项板下方的【间距】按钮，在【间距】选项卡中进行图 3-48 所示的间距设置：0~8mm、22~30mm 螺距为 1.2mm，8~22mm 螺距为 2mm，在绘图区域预览弹簧生成效果，完成后单击✓按钮退出螺旋扫描特征的创建。

6）单击【模型】选项卡【形状】区域中的【拉伸】按钮，系统弹出【拉伸】操控选项板，保持【拉伸】操控选项板【类型】区域中【实体】按钮呈按下状态。

7）单击【拉伸】选项板下方的【放置】按钮，单击【放置】选项卡中【定义...】按钮，系统弹出【草绘】对话框，在绘图区域或模型树中选择 FRONT 面为草绘平面，RIGHT 面为参考平面，方向向下，单击【草绘】对话框底部的【草绘】按钮，进入草绘环境。

8）在草绘环境【设置】区域中单击【草绘视图】按钮，使草绘平面与屏幕平行。在草绘环境下绘制图 3-49 所示的截面草图，完成后单击✓按钮退出草绘环境。

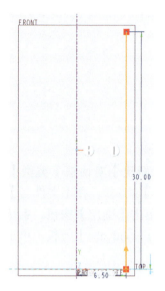 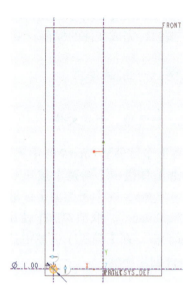

图 3-46 螺旋扫描轨迹的创建　　　　　图 3-47 螺旋扫描截面的创建

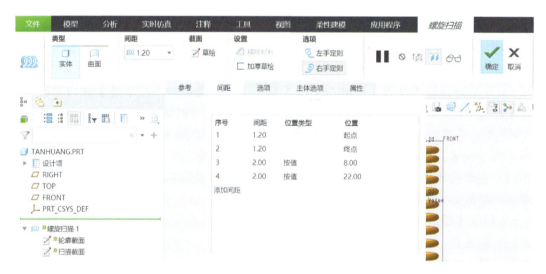

图 3-48 变螺距设置

9）在【拉伸】选项板【深度】区域中选择【对称】按钮，对称，在【深度】文本框中输入大于 14 的数值，在【设置】区域中将【移除材料】 移除材料按钮按下，完成后单击 ✓ 按钮退出拉伸特征的创建，生成弹簧特征如图 3-50 所示。

10）单击工具栏【保存】按钮，系统弹出【保存对象】对话框，采用默认名称并单击【确定】按钮，完成文件的保存。

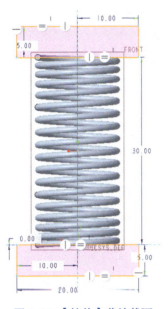

图 3-49 【拉伸】草绘截面

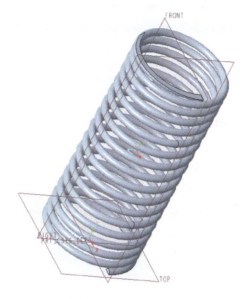

图 3-50 螺旋扫描特征

3.4 混合特征

3.4.1 操控选项板介绍

混合特征是以两个及以上的横截面作为外形参考，按照指定的混合方式用过渡曲面形成的连接各横截面的实体、曲面等特征。

单击【模型】选项卡【形状】区域的黑三角按钮，系统弹出【混合】和【旋转混合】两个混合特征创建方法，如图 3-51 所示。

单击【混合】按钮 混合，系统弹出【混合】操控选项板，如图 3-52 所示。

单击【旋转混合】按钮 旋转混合，系统弹出【旋转混合】操控选项板，如图 3-53 所示。

图 3-51 【混合】【旋转混合】位置

图 3-52 混合操控选项板

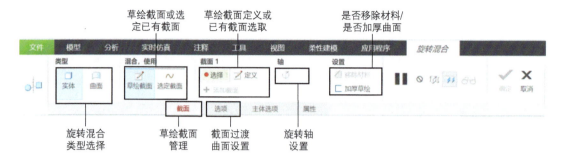

图 3-53 旋转混合操控选项板

由图 3-52 和图 3-53 所示的【混合】【旋转混合】操控选项板可以看出,【旋转混合】比【混合】多了旋转轴设置的选项,其余选项卡基本一致。

混合特征中,各个草绘截面的段数必须相等,且各草绘截面是在同一草绘环境中绘制的,因此混合特征中各剖面是相互平行的,草绘截面间的空间关系由各剖面间的深度决定;如需建立的模型中各剖面不平行,可使用【模型】选项卡【形状】区域的【扫描混合】扫描混合,扫描混合特征综合了扫描和混合特征的特点,在建模时需要先选取扫描轨迹,再在轨迹线上设置一组参考点,并在各个参考点处绘制一组草绘截面,最后将这些草绘截面扫描,创建扫描混合特征。

旋转混合特征中,各个草绘截面的段数也必须相等,且各草绘截面需在独立的草绘环境中绘制,各草绘截面围绕选定的旋转轴进行旋转得到旋转混合特征。

【旋转混合】操控选项板中主要操作命令的具体含义如下:

1):生成实体的旋转混合特征。

2):生成曲面的旋转混合特征。

3):选择混合截面的生成方式。

4):选择【草绘截面】后,此处需要定义草绘设置并进入草绘界面;选择【选定截面】后,此处需要指定外部草绘。

5):设置旋转混合旋转轴。

6):去除材料或修剪实体。

7)加厚草绘:旋转混合类型选择曲面时,可用此命令创建薄壁实体。

8)【截面】选项卡:单击【截面】选项卡,进入草绘截面管理,可定义草绘截面及各草绘截面的顺序等,如图 3-54 所示,也可直接拾取绘图区域中的外部草绘作为混合草绘截面。

9)【选项】选项卡:单击【选项】选项卡,可对各草绘截面间过渡曲面形式进行设置,如图 3-55 所示;在曲面混合类型下,勾选【封闭端】选项,可将曲面两端开放区域封闭。

10)【主体选项】选项卡:单击【主体选项】选项卡,可定义新生成的旋转混合特征合并到其他几何体或创建新主体,如图 3-56 所示。

11)【属性】选项卡:单击【属性】选项卡,可修改【名称】文本框中旋转混合特征的名称,如图 3-57 所示。

图 3-54 【截面】选项卡　　　　　图 3-55 【选项】选项卡

图 3-56 【主体选项】选项卡　　　图 3-57 【属性】选项卡

3.4.2　创建混合特征的操作步骤

1）单击【模型】选项卡【形状】区域中的黑三角按钮，然后单击【混合】按钮 混合，系统弹出【混合】操控选项板。

2）单击【混合】选项板下方的【截面】按钮，在展开的图 3-54 所示的【截面】选项卡中单击【定义】按钮，系统弹出【草绘】对话框，如图 3-58 所示，设置草绘平面、草绘视图方向、参考平面及方向等，单击【草绘】按钮进入草绘环境。

3）在草绘环境【设置】区域中单击【草绘视图】按钮，使草绘平面与屏幕平行。

4）在草绘环境下绘制截面草图 1，需要注意的是草图中默认生成一个起点及方向，如图 3-59 所示，在后续截面草图绘制时需注意起点及方向的定义，如需调整起点及方向，可选中目标点后右键单击选择【起点】，如图 3-60 所示，完成草图绘制后，单击✓按钮退出草绘环境。

图 3-58 【草绘】对话框

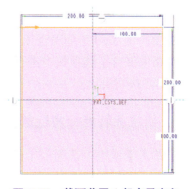

图 3-59 截面草图 1 起点及方向

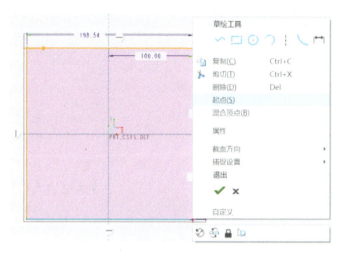

图 3-60　截面草图起点及方向调整

5）在【截面】选项卡中截面1下方自动增加截面2，如图3-61所示，截面表中的【 # 】列代表截面草绘中顶点的数量；在【偏移自】的文本框中输入相对于截面1草绘平面的距离值，单击下方的【草绘】按钮，进入草绘环境。

图 3-61　【截面】选项卡增加截面

6）在草绘环境【设置】区域中单击【草绘视图】按钮，使草绘平面与屏幕平行，在草绘环境中草绘截面2，注意草绘截面2中的起点、方向与截面1的关系，以及截面2中的顶点数量与截面1保持一致，如需调整顶点数量可单击【编辑】区域的分割按钮 分割 或单击图3-60中的混合顶点，完成草图绘制后，单击 按钮退出草绘环境。

7）在【混合】选项板中进行适当的设置和检查，并在绘图区域内查看混合特征效果，最后单击 按钮退出。

3.4.3　创建旋转混合特征的操作步骤

1）单击【模型】选项卡【形状】区域中的黑三角按钮，然后单击【旋转混合】按钮 旋转混合 ，系统弹出【旋转混合】操控选项板。

2）单击【旋转混合】选项板下方的【截面】按钮，在展开的图 3-54 所示的【截面】选项卡中单击【定义...】按钮，系统弹出【草绘】对话框，如图 3-58 所示，设置草绘平面、草绘视图方向、参考平面及方向等，单击【草绘】按钮进入草绘环境。

3）在草绘环境【设置】区域中单击【草绘视图】按钮，使草绘平面与屏幕平行。

4）在草绘环境下绘制截面草图 1，同【混合】中截面草绘的创建类似，需要注意草图中默认生成的起点及方向，如需调整起点及方向，可选中目标点后右键单击选择【起点】，如图 3-60 所示，完成草图绘制后，单击 按钮退出草绘环境。

5）在【截面】选项卡中【旋转轴】区域单击【内部 CL】按钮，将旋转坐标系的对应坐标轴作为旋转混合的轴线，如图 3-62 所示。

6）在【截面】选项卡中单击【添加】按钮，在截面 1 下方增加截面 2，如图 3-63 所示，截面表中的【#】列代表截面草绘中顶点的数量；在【偏移自】的文本框中输入相对于截面 1 草绘平面绕旋转轴旋转的角度值，单击下方的【草绘】按钮，进入草绘环境。

图 3-62 【旋转轴】选取　　　　　　　图 3-63 【截面】选项卡增加截面

7）在草绘环境【设置】区域中单击【草绘视图】按钮，使草绘平面与屏幕平行，在草绘环境中草绘截面 2，注意草绘截面 2 中的起点、方向与截面 1 的关系，以及截面 2 中的顶点数量与截面 1 保持一致，如需调整顶点数量可单击【编辑】区域的分割按钮 分割 或单击图 3-60 中的混合顶点，完成草图绘制后，单击 按钮退出草绘环境。

8）在【旋转混合】选项板中进行适当的设置和检查，并在绘图区域内查看旋转混合特征效果，最后单击 按钮退出。

3.4.4　实例——绘制变径进气管

绘制变径进气管

1. 设置工作目录、新建文件

1）设置工作目录至 Creo 9.0\第三章\第 4 节。

2）单击工具栏中【新建】按钮，在弹出的【新建】对话框【类型】区域中选择【零件】　　零件，在【子类型】区域中选择【实体】　实体，在【文件名】文本框中输入文件名 "jinqiguan"，取消勾选【使用默认模板】，单击【确定】按钮，系统弹出【新文件选项】对话框，在【模板】区域中选择【mmns_part_solid_abs】模板，单击【确定】按钮，进入零件创建环境。

2. 创建混合特征

1）单击【模型】选项卡【形状】区域中的黑三角按钮，然后单击【混合】按钮 混合，系统弹出【混合】操控选项板。

2）单击【混合】选项板下方的【截面】按钮，在【截面】选项卡中单击【定义...】按钮，系统弹出【草绘】对话框，在绘图区域中选择 FRONT 面为草绘平面，RIGHT 面为参考平面，方向向右，单击【草绘】对话框底部的【草绘】按钮，进入草绘环境。

3）在草绘环境【设置】区域中单击【草绘视图】按钮，使草绘平面与屏幕平行。在草绘环境下绘制图 3-64 所示的截面草图，完成后单击 ✓ 按钮退出草绘环境。

4）在【截面】选项卡中截面 1 下方自动增加截面 2，截面表中的【#】列代表截面草绘中顶点的数量；在【偏移自】的文本框中输入相对于截面 1 草绘平面的距离值，此处填入"150"，单击下方的【草绘】按钮，进入截面 2 的草绘环境。

5）在草绘环境【设置】区域中单击【草绘视图】按钮，使草绘平面与屏幕平行，在草绘环境中草绘截面 2，如图 3-65 所示，注意草绘截面 2 中的起点、方向与截面 1 的关系，以及截面 2 中的顶点数量与截面 1 保持一致，如需调整顶点数量可单击【编辑】区域的分割按钮 分割，完成截面 2 草图绘制后，单击 ✓ 按钮退出草绘环境。

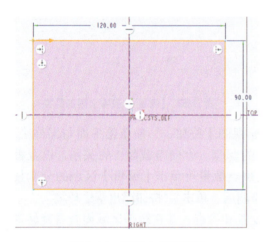

图 3-64　截面 1 草绘截面

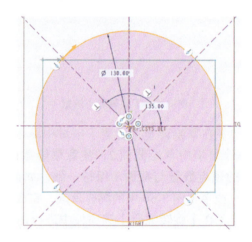

图 3-65　截面 2 草绘截面

6）在绘图区域预览效果，如图 3-66 所示，完成后单击 ✓ 按钮退出混合特征的创建。

7）单击【模型】选项卡【基准】区域中的【平面】按钮，系统弹出【基准平面】对话框，在绘图区域中选择 TOP 面，在【基准平面】对话框【参考】区域的【偏移】文本框中输入偏移量 120mm，将 TOP 面偏移，如图 3-67 所示，单击【确定】按钮，生成 DTM1 平面。

8）单击【模型】选项卡【基准】区域中的【轴】按钮 轴，系统弹出【基准轴】对话框，在绘图区域中选择 FRONT 面和 DTM1 面，得到两个平面的交线，如图 3-68 所示，单击【确定】按钮，生成 A_1 轴。

9）单击【模型】选项卡【形状】区域中的黑三角按钮，然后单击【旋转混合】按钮 旋转混合，系统弹出【旋转混合】操控选项板。

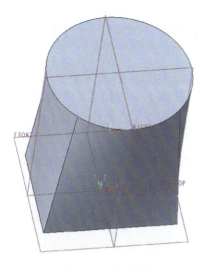

图 3-66 混合特征　　　　　　　图 3-67 【基准平面】对话框

10）单击【旋转混合】选项板下方的【截面】按钮，在【截面】选项卡中单击【定义...】按钮，系统弹出【草绘】对话框，在绘图区域中选择 FRONT 面为草绘平面，RIGHT 面为参考平面，方向向上，单击【草绘】对话框底部的【草绘】按钮，进入草绘环境。

11）在草绘环境【设置】区域中单击【草绘视图】按钮，使草绘平面与屏幕平行。在草绘环境下绘制图 3-69 所示的截面草图，注意草图中默认生成的起点及方向，完成后单击 ✓ 按钮退出草绘环境。

图 3-68 【基准轴】对话框　　　　图 3-69 截面 1 草绘截面

12）在【截面】选项卡【旋转轴】拾取框处单击，从绘图区域或模型树中拾取步骤 8）生成的 A_1 轴作为【旋转混合】的旋转轴。

13）在【截面】选项卡中单击【添加】按钮，在截面 1 下方增加截面 2，如图 3-63 所示，截面表中的【#】列代表截面草绘中顶点的数量；在【偏移自】的文本框中输入相对于截面1草绘平面绕旋转轴旋转的角度值，此处输入"90"，单击下方的【草绘】按钮，进入草绘环境。

14）在草绘环境【设置】区域中单击【草绘视图】按钮，使草绘平面与屏幕平行，在草绘环境中草绘截面2，如图3-70所示，注意草绘截面2中的起点、方向与截面1的关系，以及截面2中的顶点数量与截面1保持一致，如需调整顶点数量可单击【编辑】区域的分割按钮，完成草图绘制后，单击✓按钮退出草绘环境。

15）在绘图区域预览旋转混合效果，如图3-71所示，完成后单击✓按钮退出旋转混合特征的创建。

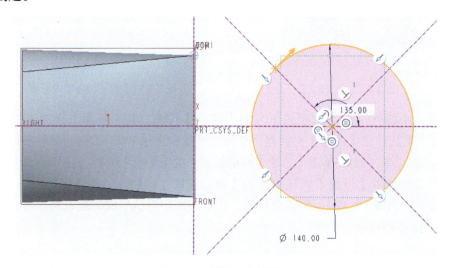

图3-70 截面2草绘截面

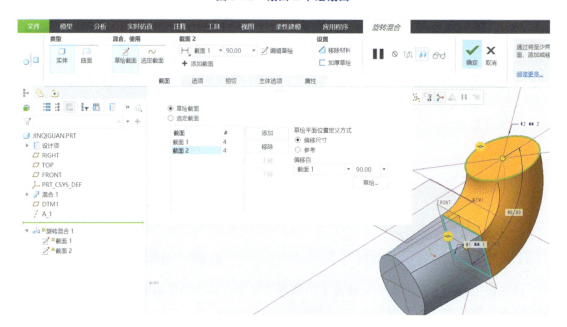

图3-71 旋转混合特征

16）单击【模型】选项卡【形状】区域中的【拉伸】按钮，系统弹出【拉伸】操控选项板，保持【拉伸】操控选项板【类型】区域中【实体】按钮呈按下状态。

17）单击【拉伸】选项板下方的【放置】按钮，单击【放置】选项卡中【定义…】按钮，系统弹出【草绘】对话框，在绘图区域或模型树中选择 DTM1 面为草绘平面，RIGHT 面为参考平面，方向向上，单击【草绘】对话框底部的【草绘】按钮，进入草绘环境。

18）在草绘环境【设置】区域中单击【草绘视图】按钮，使草绘平面与屏幕平行。在草绘环境下绘制图 3-72 所示的截面草图，完成后单击✓按钮退出草绘环境。

19）在【拉伸】选项卡【深度】区域中选择【可变】按钮，在【深度】文本框中输入"150"，完成后单击✓按钮退出拉伸特征的创建。

20）在【模型】选项卡【工程】区域中，单击【壳】按钮，系统弹出【壳】操控选项板，下面提示栏中提示"选择要移除的曲面"。

21）在绘图区按住 Ctrl 键选取模型中进气管进气口、出气口平面，选中的曲面表面有绿色细虚线，并自动预览出抽壳后的特征，如图 3-73 所示。

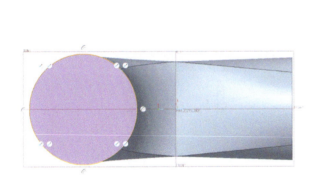

图 3-72　拉伸草图截面

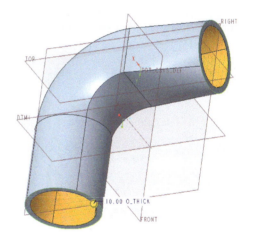

图 3-73　壳特征

22）在【壳】操控选项板【设置】区域的【厚度】文本框中输入"10"，完成后单击✓按钮退出壳特征的创建。

23）单击工具栏【保存】按钮，系统弹出【保存对象】对话框，采用默认名称并单击【确定】按钮，完成文件的保存。

练 习 题

在 Creo Parametric 9.0 中完成以下零件模型的创建。

1. 活塞（图 3-74）

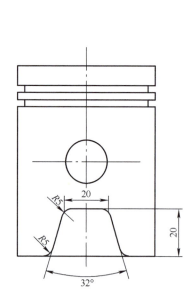
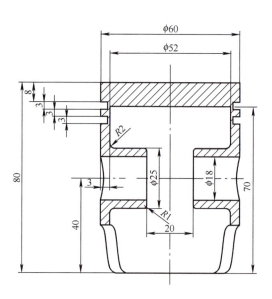

图 3-74　活塞

2. 水管（图 3-75）

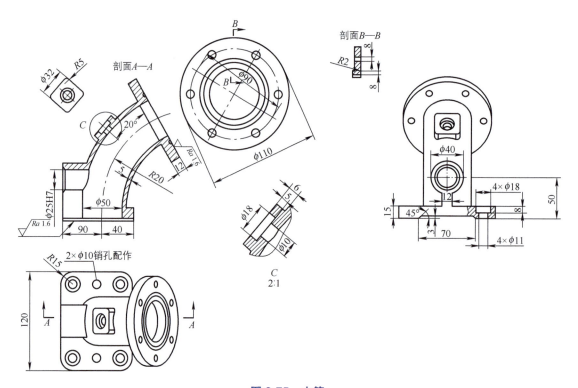

图 3-75　水管

3. 传感器安装座（图3-76）

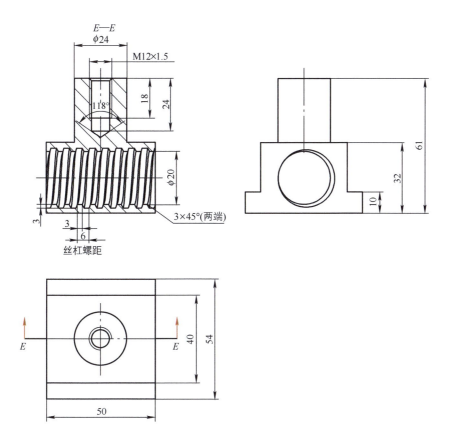

图3-76 传感器安装座

总　　结

本章对拉伸特征、旋转特征、扫描特征、螺旋扫描特征、混合特征和旋转混合特征的操控选项板各选项进行了详细介绍，并结合实例对各特征创建流程、操作步骤、要点难点等进行了介绍。

第 4 章 工 程 特 征

☞ **学习目标：**

内容	掌握程度	建议课时
孔特征	★★★★★	1
拔模特征	★★★★★	1
倒角特征	★★★★	0.5
倒圆角特征	★★★	0.5
壳特征	★★★	0.5
筋特征	★★★★	1

☞ **学习建议：**

本章主要任务是掌握 Creo 中孔、拔模、倒角、倒圆角、抽壳、加筋等主要工程特征的创建方法。通过本章的学习，需要了解各工程特征的工作界面，熟练掌握各工程特征的建模方法。

☞ **思维导图：**

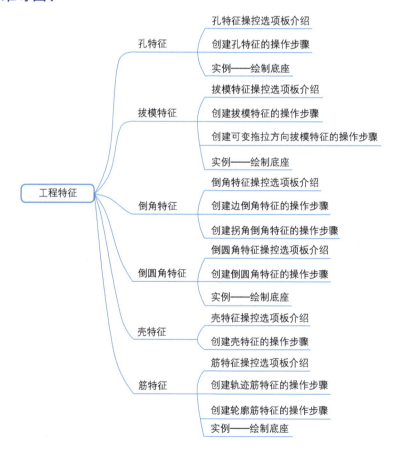

4.1 孔特征

4.1.1 操控选项板介绍

在 Creo 中使用孔特征可以创建三种类型的孔：简单孔（直孔）、草绘孔和标准孔。孔特征的创建需要给出孔本身的参数（孔径、深度、形式等）和孔的轴线相对于其他实体的位置。

在【模型】选项卡【工程】区域中，单击【孔】按钮 孔，系统弹出【孔】操控选项板，如图 4-1 所示。

a) 简单孔

b) 标准孔

图 4-1 【孔】操控选项板

【孔】操控选项板中主要操作命令的具体含义如下：

1）：创建简单孔，即直圆柱孔。在【简单孔】按钮按下状态下，【形状】选项卡中孔的形状如图 4-2 所示。

2）：创建标准孔，即具有基本形状的螺纹孔。在【标准孔】按钮按下状态下，【孔】选项卡【轮廓】区域的选项更加丰富，其【形状】选项卡中孔的形状如图 4-3 所示。

① ：以直圆柱孔的形式创建标准孔。

② ：以直锥形孔的形式创建标准孔。

③ ：对标准孔攻丝，选择该选项后，标准孔中将显示内螺纹。

④ ：使用标准孔轮廓作为钻孔轮廓。

⑤ ：创建一个间隙孔，即标准孔中无内螺纹。

⑥ 沉头孔：增加沉头孔。

⑦ 沉孔：增加沉孔。

⑧ ：螺纹标准选择，下拉菜单包含三种螺纹类型：ISO、UNC、UNF。其中 ISO 为我国通用标准螺纹，UNC 为粗牙螺纹，UNF 为细牙螺纹。

⑨ ：螺钉尺寸，可以从下拉菜单中选择螺径和螺距。

图 4-2 【简单孔】类型【形状】选项卡　　图 4-3 【标准孔】类型【形状】选项卡

3）：使用预定义的矩形作为孔的轮廓，可使用【形状】选项卡对矩形参数进行快捷设置。

4）：使用标准孔轮廓作为钻孔轮廓，该按钮按下状态下，可设置是否添加沉头孔或沉孔。

5）：草绘孔轮廓。单击该按钮后可进入草绘设置激活草绘器，允许创建较复杂的孔截面特征。

6）：设定孔的直径数值。

7）：选择孔深度类型，单击该图标右下角的三角按钮，有六种孔深度类型供选择，各类型含义如下：

① 盲孔：从孔特征的放置面以指定深度创建孔特征。

② 对称：以孔特征的放置面为参考，向两侧钻孔。

③ 到下一个：在钻孔方向上，孔特征到达第一个曲面时终止。

④ 穿透：孔特征穿透所有实体。

⑤ 穿至：钻孔至与选定的曲面或平面相交。

⑥ 到参考：将孔钻至选定的点、曲线、平面或曲面。

8）【放置】选项卡：单击【放置】选项卡，进入孔特征的放置设置，如图 4-4 所示，在【类型】下拉菜单中，可以选择六种孔的放置类型：【线性】【径向】【直径】【同轴】【点上】【草绘】，如图 4-5 所示。

图 4-4 【放置】选项卡　　图 4-5 孔特征放置类型

9)【形状】选项卡：单击【形状】选项卡，可直观地看到孔特征的轮廓，并对轮廓的各具体参数进行快速设置。

10)【主体选项】选项卡：单击【主体选项】选项卡，可定义新生成的孔特征合并到其他几何体或创建新主体，如图4-6所示。

11)【属性】选项卡：单击【属性】选项卡，可修改【名称】文本框中孔特征的名称，对于已创建的孔特征，孔的参数也可在【属性】选项卡中查询，如图4-7所示。

图4-6 【主体选项】选项卡　　　　　　图4-7 【属性】选项卡

4.1.2 创建孔特征的操作步骤

1）在【模型】选项卡【工程】区域中，单击【孔】按钮，系统弹出【孔】操控选项板，下面提示栏中提示"选择曲面、轴或点来放置孔"。

2）单击选取已创建特征的平面作为放置平面，在绘图区域上出现孔的轮廓、3个黄色控制圆点和2个红色控制框，如图4-8所示。

3）依次将两个红色控制框拖动到零件的平面或边上，此时红色控制框变成封闭的黄色方框，如图4-9所示，在文本框中输入具体数值以确定孔的准确位置。

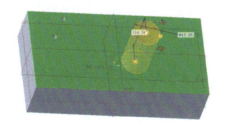
图4-8 孔特征放置

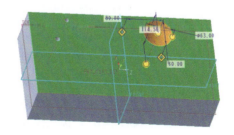
图4-9 孔特征参数设置

4）在图形上修改孔的尺寸，包括孔的直径、深度，完成后单击 ✓ 按钮退出，生成孔特征。

4.1.3 实例——绘制底座

1. 设置工作目录

1）设置工作目录至 Creo 9.0\ 第四章 \ 第 1 节。

2）单击工具栏中【打开】按钮，在弹出的【文件打开】对话框中选择工作目录下的 "4_1dizuo.prt"，单击【打开】按钮，打开目标文件。

2. 创建孔特征

绘制底座

1）在【模型】选项卡【工程】区域中，单击【孔】按钮，系统弹出【孔】操控选项板。

2）在【孔】操控选项板中进行如下设置：【类型】区域选择【简单】按钮、【轮廓】区域选择【钻孔】按钮、【沉孔】按钮，如图 4-10 所示。

3）单击选取孔的放置面：单击绘图区域中模型的上面，孔的放置面为深绿色，按住鼠标左键分别拖动两个红色控制框至 RIGHT 面和 FRONT 面，此时两个红色控制框变为封闭的黄色方框，设置孔的轴线距离 RIGHT 面和 FRONT 面分别为 40mm 和 25mm，如图 4-11 所示，此时【孔】操控选项板【放置】选项卡中【放置】和【偏移参考】也会同步更新。

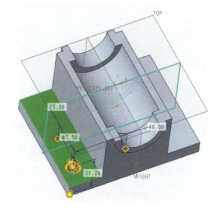

图 4-10 【孔】操控选项板设置　　图 4-11 孔特征放置

4）单击【孔】操控选项板【形状】选项卡，对沉孔的截面轮廓进行图 4-12 所示的设置，完成后单击 ✓ 按钮退出孔特征的创建。

5）在模型树中单击选中刚才创建的孔特征，在【模型】选项卡【编辑】区域中，单击【镜像】镜像按钮，进入【镜像】操控选项板，在绘图区域选择 RIGHT 面作为镜像平面镜像孔特征，完成后单击 ✓ 按钮退出镜像创建。

6）在模型树中按住 Ctrl 键，用鼠标依次单击之前创建的孔特征和镜像特征，在【模型】选项卡【编辑】区域中，单击【镜像】镜像按钮，进入【镜像】操控选项板，在绘图区域选择 FRONT 面作为镜像平面镜像特征，完成后单击 ✓ 按钮退出镜像创建，最终创建的孔特征如图 4-13 所示。

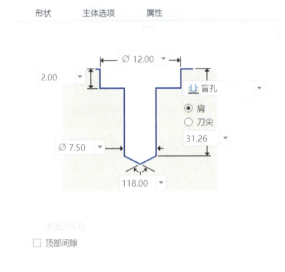
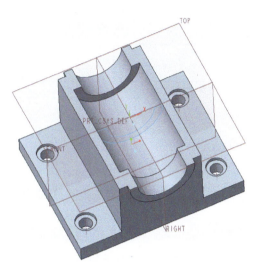

图 4-12 孔的轮廓形状设置　　　　　图 4-13 孔特征

7）单击工具栏【保存】按钮，系统弹出【保存对象】对话框，采用默认名称并单击【确定】按钮，完成文件的保存。

4.2 拔模特征

4.2.1 操控选项板介绍

拔模特征通常用于采用模具制造的零件，如注塑件、铸件等，生成拔模斜面后产品才能顺利脱模。在 Creo Parametric 9.0 中，拔模特征包括【拔模】和【可变拖拉方向拔模】两种类型。

拔模特征中常用的术语含义如下：

1）拔模曲面：需进行拔模操作的模型表面。拔模曲面可以由拔模枢轴、曲面或草绘曲线分割为多个区域，可分别设定各个区域是否参与拔模，以及定义不同的拔模斜度。

2）拔模枢轴：拔模时拔模曲面围绕其旋转的直线或曲线。可通过选取平面（在此情况下拔模曲面围绕拔模平面与此平面的交线旋转），也可以选取拔模曲面上的单个曲线链来定义拔模枢轴。

3）拔模角度：拔模方向与生成拔模曲面之间的角度。如果拔模曲面被分割，则可为拔模的两侧分别定义独立的角度。

4）拖拉方向：用于测量拔模角度的方向，通常为模具的开模方向。可通过选取平面（在此情况下该平面的法向为拖动方向）、直边、基准轴或者坐标系来进行定义。

在【模型】选项卡【工程】区域中，单击【拔模】　拔模 右侧的黑三角按钮，在弹出的下拉选项中选择【拔模】　拔模 命令，系统弹出【拔模】操控选项板，如图 4-14 所示。

图 4-14 拔模操控选项板

【拔模】操控选项板中主要操作命令的具体含义如下：

1）拔模曲面：选择需要进行拔模操作的模型表面。

2）拔模枢轴：选择拔模时拔模曲面围绕旋转的直线或曲线。

3）传播拔模曲面：该按钮按下后，与选择的单个拔模曲面相切的曲面都将进行拔模。

4）保留内部倒圆角：该按钮按下后，拔模曲面上圆角位置不参与拔模。

5）【参考】选项卡：单击【参考】按钮，系统弹出【参考】选项卡，如图 4-15 所示。在该选项卡中可以分别激活【拔模曲面】【拔模枢轴】和【拖拉方向】收集器，然后定义相应的参考对象。

6）【分割】选项卡：单击【分割】按钮，系统弹出【分割】选项卡，如图 4-16 所示。在该选项卡中可以对拔模曲面进行分割，并设定拔模面上的分割区域，以及各区域是否进行拔模。主要选项介绍如下：

图 4-15 【参考】选项卡　　　　图 4-16 【分割】选项卡

①【分割选项】：在【分割选项】下拉菜单中包括三个选项：

【不分割】：拔模面将绕拔模枢轴按指定的拔模角度拔模，没有分割效果。

【根据拔模枢轴分割】：将以指定的拔模枢轴为分割参考，创建分割拔模特征。

【根据分割对象分割】：将通过拔模曲面上的曲线或者草绘截面，创建分割拔模特征。

②【分割对象】：当【分割选项】选择的是【根据分割对象分割】时，可以激活此收集器。此时，可以选取模型上现有的草绘、平面或面组作为拔模曲面的分割区域；单击【定义】按钮，可以在草绘平面上绘制封闭轮廓，作为拔模曲面的分割区域。

③【侧选项】：此选项组主要用于设置拔模区域，在下拉菜单中包含三个选项：

【独立拔模侧面】：分别针对分割后的拔模曲面区域设定不同的拔模角度。

【从属拔模侧面】：按照同一角度，从相反的方向执行拔模操作。这种方式主要应用于具有对称面的模具设计。

【只拔模第一侧】【只拔模第二侧】：选择此项，则仅针对拔模曲面的某个分割区域进行拔模，而另一个区域保持不变。

7)【角度】选项卡：单击【角度】按钮，系统弹出【角度】选项卡，如图4-17所示。在该选项卡中可设置拔模方向与生成的拔模曲面之间的夹角。如果拔模曲面被分割，则可以为拔模曲面的每一侧定义一个独立的角度。此外，也可以在拔模曲面的不同位置设定不同的拔模角度。

8)【选项】选项卡：单击【选项】按钮，系统弹出【选项】选项卡，如图4-18所示。在该选项卡中可以定义与指定拔模曲面相切或相交的拔模效果。

图 4-17 【角度】选项卡　　　　　　　图 4-18 【选项】选项卡

9)【属性】选项卡：打开【属性】选项卡，可以查看拔模特征的分割方式、拔模曲面以及角度等参数信息，并能够对该拔模特征进行重命名。

在【模型】选项卡【工程】区域中，单击【拔模】 拔模 ▼右侧的黑三角按钮，在弹出的下拉选项中选择【可变拖拉方向拔模】 可变拖拉方向拔模 命令，系统弹出【可变拖拉方向拔模】操控选项板，如图4-19所示。【可变拖拉方向拔模】可以通过法向与指定拔模枢轴扫描规则曲面，创建锥形拔模几何，从【拔模类型】下拉列表中选择【可变拖拉方向拔模】，参考平面可以不必为平面曲面。

图 4-19　可变拖拉方向拔模操控选项板

4.2.2　创建拔模特征的操作步骤

1）在【模型】选项卡【工程】区域中，单击【拔模】 拔模 右侧的黑三角按钮，在弹出的下拉选项中选择【拔模】 拔模 命令，系统弹出【拔模】操控选项板。

2）单击【拔模】选项板下方的【参考】按钮，在展开的图 4-15 所示的【参考】选项卡中单击【拔模曲面】收集器，在绘图区按住 Ctrl 键选取模型中需要拔模的曲面作为拔模曲面，选中的曲面表面有绿色细虚线，如图 4-20 所示。

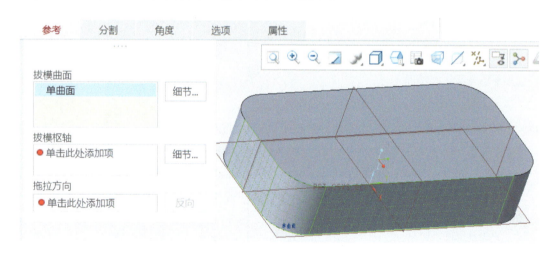

图 4-20　拔模曲面选取

3）单击【参考】选项卡中【拔模枢轴】收集器，选择模型的上表面作为拔模枢轴曲面，绘图区中的拔模曲面呈现橙色，在角度区域输入拔模角度数值。在【传播拔模曲面】按钮未按下时，如有与拔模曲面相切的面，受拔模影响也会有所变化，其呈现绿色；在【传播拔模曲面】按钮按下时，与拔模曲面相切的面，也会呈现橙色，参与拔模特征的创建，如图 4-21 所示。

4）此时在【参考】选项卡【拖拉方向】收集器中默认选择拔模枢轴曲面的法向为拖拉方向，可通过【拖拉方向】右侧的【反向】按钮或【角度】区域的 调整拔模方向。

5）完成后单击 按钮退出【拔模】选项板，完成拔模特征的创建。

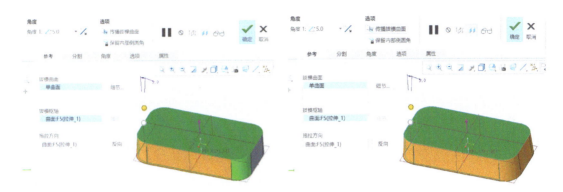

图 4-21 【拔模枢轴】选取及【传播拔模曲面】的影响

4.2.3 创建可变拖拉方向拔模特征的操作步骤

1）单击【模型】选项卡【工程】区域中【拔模】 拔模 右侧的黑三角按钮，在弹出的下拉选项中选择【可变拖拉方向拔模】 可变拖拉方向拔模 命令，系统弹出【可变拖拉方向拔模】操控选项板。

2）单击【可变拖拉方向拔模】选项板下方的【参考】按钮，在展开的图 4-22 所示的【参考】选项卡中单击【拖拉方向参考曲面】收集器，在绘图区中选择模型的上表面作为拖拉方向参考曲面。

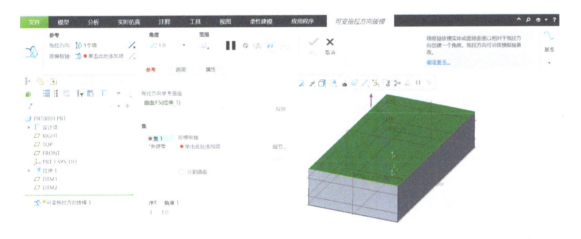

图 4-22 【可变拖拉方向拔模】的【参考】选项卡

3）单击【参考】选项卡中【集】区域的【拔模枢轴】收集器，选择模型上表面前面的边作为【集 1】的拔模枢轴，如图 4-23 所示。

4）单击【参考】选项卡中【集】区域【集 1】下方的【新建集】，在生成的【集 2】中选择模型上表面的右边作为【集 2】的拔模枢轴。按此方法，再分别新建【集 3】和【集 4】，对应选取拔模枢轴分别为模型上表面的后边和左边，在每个【集】中均可在【角度】区域设置各个集的拔模角度，如图 4-24 所示。

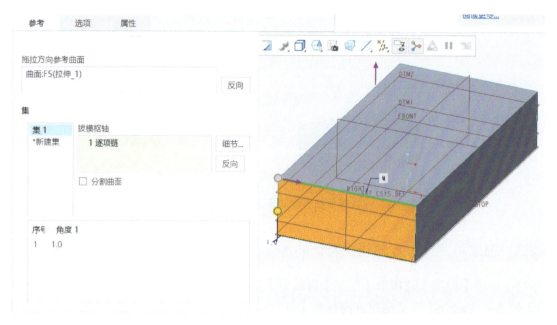

图 4-23 【参考】选项卡【集 1】拔模枢轴选取

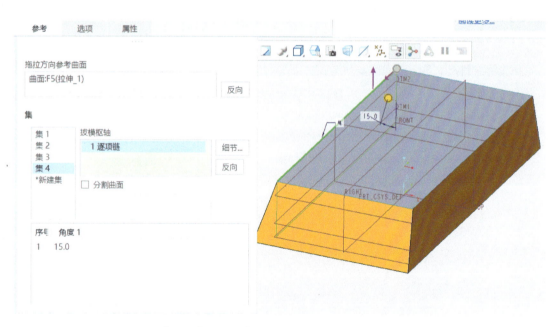

图 4-24 【参考】选项卡【集】中拔模枢轴选取及拔模角度定义

5）当一个模型有多个分型面时，可以勾选【参考】选项卡中【集】区域的【拔模枢轴】收集器下方的【分割曲面】复选框，可以最多选择两个面组分割拔模几何，在下方【角度】区域可以设置各段的拔模角度，如图 4-25 所示。

6）完成后单击 ✓ 按钮退出【可变拖拉方向拔模】选项板，绘图区中可变拖拉方向拔模特征如图 4-26 所示，完成可变拖拉方向拔模特征的创建。

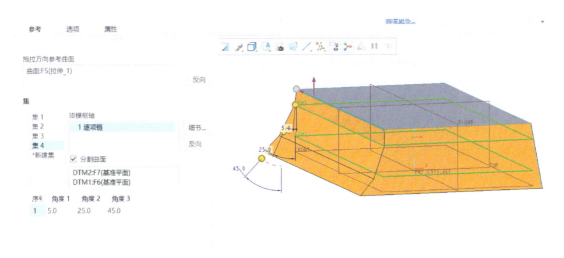

图 4-25 【分割曲面】收集器及各段拔模角度定义

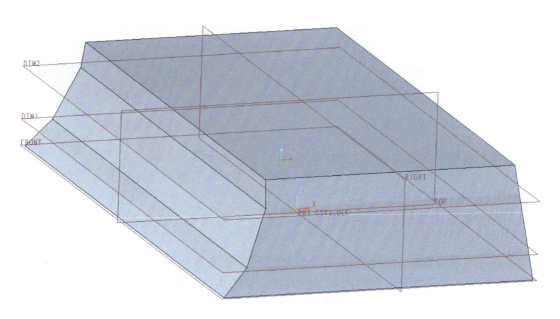

图 4-26 可变拖拉方向拔模特征

4.2.4 实例——绘制底座

1. 设置工作目录、打开文件

1）设置工作目录至 Creo 9.0\第四章\第 2 节。

2）单击工具栏中【打开】按钮，在弹出的【文件打开】对话框中选择工作目录下的 "4_2dizuo.prt"，单击【打开】按钮，打开目标文件。

2. 创建拔模特征

绘制底座

1）在【模型】选项卡中，单击【拔模】 拔模 右侧的黑三角按钮，在弹出的下拉选项中选择【拔模】 拔模 命令，系统弹出【拔模】操控选项板。

2）在【拔模】操控选项板【参考】区域拔模曲面拾取框激活状态下，按住 Ctrl 键依次单击绘图区域模型的四个外立面，完成拔模曲面的选取，如图 4-27 所示；在【参考】区域拔模枢轴拾取框激活状态下，单击选取绘图区域模型的上面，此时作为拔模枢轴的平面为深绿色，作为拔模曲面的平面为黄色，如图 4-28 所示。

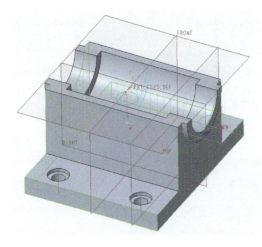

图 4-27 拔模曲面选取　　　　　　图 4-28 拔模枢轴选取

3）在【拔模】操控选项板【角度】区域的文本框中输入拔模角度"2"，在绘图区域查看拔模方向，如需调整，可单击【角度】区域的文本框右侧的反向按钮，完成后单击 ✔ 按钮退出拔模特征的创建。

4）继续单击【模型】选项卡中【拔模】 拔模 命令，系统弹出【拔模】操控选项板。

5）在【拔模】操控选项板【参考】区域拔模曲面拾取框激活状态下，单击绘图区域模型的竖直面，完成拔模曲面的选取，然后在【参考】区域拔模枢轴拾取框激活状态下，单击选取绘图区域模型的上边，此时作为拔模枢轴的上边为深绿色，作为拔模曲面的平面为黄色，如图 4-29 所示，在【角度】区域的文本框中输入拔模角度"3"，在绘图区域查看拔模方向，如需调整，可单击【角度】区域的文本框右侧的反向按钮，完成后单击 ✔ 按钮退出拔模特征的创建。

6）重复步骤5），对步骤5）中拔模曲面相对的面进行拔模，拔模角度为"3"。

7）继续单击【模型】选项卡中【拔模】 拔模 命令，系统弹出【拔模】操控选项板。

8）在【拔模】操控选项板【参考】区域拔模曲面拾取框激活状态下，按住 Ctrl 键依次单击绘图区域模型底部的两个竖直面，完成拔模曲面的选取，然后在【参考】区域拔模枢轴拾取框激活状态下，单击选取绘图区域模型的上平面，此时作为拔模枢轴的上平面为深绿色，作为拔模曲面的平面为黄色，如图 4-30 所示，在【角度】区域的文本框中输入拔模角度"2"，在绘图区域查看拔模方向，如需调整，可单击【角度】区域的文本框右侧的反向按钮，完成后单击 ✔ 按钮退出拔模特征的创建，完成所有拔模特征的创建。

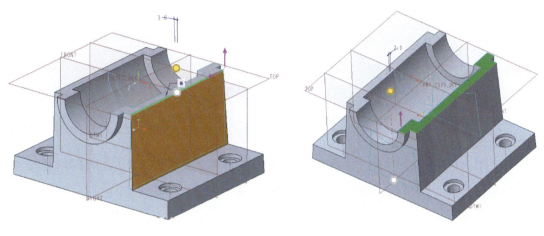

图 4-29　外部竖直面拔模　　　　　　　图 4-30　内部竖直面拔模

9）单击工具栏【保存】按钮，系统弹出【保存对象】对话框，采用默认名称并单击【确定】按钮，完成文件的保存。

4.3　倒角特征

4.3.1　操控选项板介绍

倒角特征是在零件模型的边角棱线上建立平滑过渡平面的特征。在 Creo Parametric 9.0 中，倒角工具包括【边倒角】和【拐角倒角】两种类型。

【边倒角】：边倒角是在选定边处截掉一块平直剖面的材料，以在共有该选定边的两个原始曲面之间创建斜角曲面；边倒角需要设置倒角两边的定位方式、倒角尺寸、倒角位置及参考等。

【拐角倒角】：拐角倒角是在零件的拐角处（三条边交汇处）去除材料。

在【模型】选项卡【工程】区域中，单击【倒角】 倒角 ▼ 右侧的黑三角按钮，在弹出的下拉选项中选择【边倒角】 边倒角 命令，系统弹出【边倒角】操控选项板，如图 4-31 所示。

【边倒角】操控选项板中主要操作命令的具体含义如下：

1）：以【集】模式创建边倒角。

2）：以【过渡】模式创建边倒角。

3） D×D ：边倒角创建方法，单击该图标右侧的三角按钮，有六种边倒角创建方法供选择，各类型含义如下：

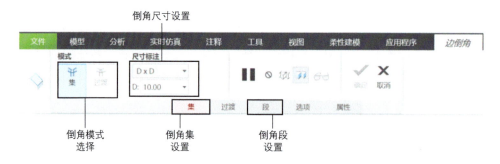

图 4-31 边倒角操控选项板

①【D×D】：在每个曲面上距离参考边均为 D 处创建边倒角，用户需确定参考边位置和 D 的数值。

②【D1×D2】：在一个曲面距离参考边为 D1，另一个边距离参考边为 D2 处创建倒角，用户需分别确定参考边位置和 D1、D2 的数值。

③【角度 ×D】：在一个曲面距离参考边为 D，同时与另一个参考曲面之间的夹角成指定角度处创建倒角，用户需要指定参考边位置、距离 D 和夹角的数值。

④【45×D】：创建一个与两个曲面都成 45° 角的倒角，且与各曲面上的边距离为 D，用户需要指定参考边的位置和 D 的数值。

⑤【O×O】：沿着每个曲面在偏离边距离 O 处创建倒角。通常在 D×D 不可用时，系统才会默认选择该创建方法。

⑥【O1×O2】：沿某一曲面在偏离所选边距离 O1 而沿另一个曲面偏离所选边距离 O2 处创建倒角。

4）：指定边倒角的尺寸。

在【模型】选项卡【工程】区域中，单击【倒角】倒角 右侧的黑三角按钮，在弹出的下拉选项中选择【拐角倒角】 拐角倒角 命令，系统弹出【拐角倒角】操控选项板，如图 4-32 所示。

图 4-32 拐角倒角操控选项板

4.3.2 创建边倒角特征的操作步骤

1）在【模型】选项卡【工程】区域中，单击【倒角】倒角 右侧的黑三角按钮，在弹出的下拉选项中选择【边倒角】 边倒角 命令，系统弹出【边倒角】操控选项板，下面提示栏中提示"选择一条边或边链以创建倒角集"。

2）在模型上选取需要边倒角的边线，被选中的边线将显示为绿色高亮，如需对多条边进行边倒角，可按住 Ctrl 键用鼠标左键点选，如图 4-33 所示。

3）在【边倒角】选项板的文本框中输入倒角数值，或者在绘图区直接修改倒角数值，完成后单击 ✓ 按钮退出【边倒角】选项板，绘图区中边倒角特征如图 4-34 所示，完成边倒角特征的创建。

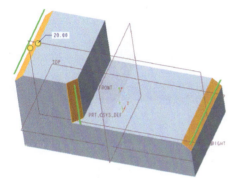
图 4-33　边倒角多条边选取

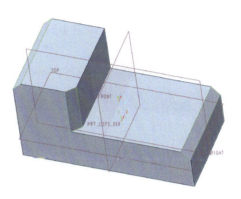
图 4-34　边倒角特征

4.3.3　创建拐角倒角特征的操作步骤

1）在【模型】选项卡【工程】区域中，单击【倒角】 倒角 ▼ 右侧的黑三角按钮，在弹出的下拉选项中选择【拐角倒角】 拐角倒角 命令，系统弹出【拐角倒角】操控选项板，下面提示栏中提示"选择要进行倒角的顶点"。

2）用鼠标左键单击模型上的某个顶点，该顶点处的拐角倒角区将加亮显示，如图 4-35 所示。

3）在【拐角倒角】选项板【设置】区域的文本框中输入三条边的倒角数值，或者在绘图区直接修改倒角数值，完成后单击 ✓ 按钮退出【拐角倒角】选项板，绘图区中拐角倒角特征如图 4-36 所示，完成拐角倒角特征的创建。

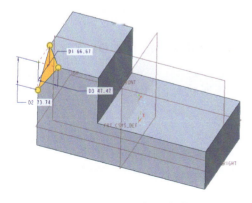
图 4-35　拐角倒角顶点选取

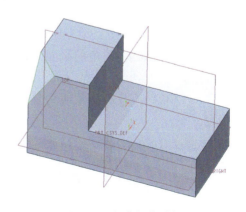
图 4-36　拐角倒角特征

4.4 倒圆角特征

4.4.1 操控选项板介绍

使用倒圆角命令可创建曲面间的圆角或中间曲面位置的圆角，其中曲面可以是实体模型的表面，也可以是曲面特征。在 Creo Parametric 9.0 中，倒圆角工具包括【倒圆角】和【自动倒圆角】两种类型。

【倒圆角】：在【模型】选项卡【工程】区域中，单击【倒圆角】 按钮，系统弹出【倒圆角】操控选项板，如图 4-37 所示。

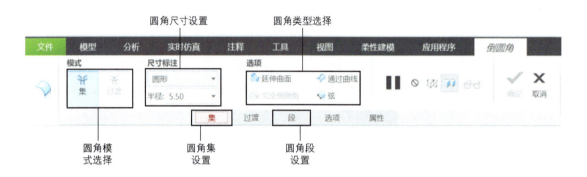

图 4-37 倒圆角操控选项板

【倒圆角】操控选项板中主要操作命令的具体含义如下：

1) ：以【集】模式创建圆角。
2) ：以【过渡】模式创建圆角。
3) ：圆角截面形状选择，单击该图标右侧的三角按钮，有五种圆角截面形状供选择，各类型含义如下：

①【圆形】：圆角的截面为标准圆形。

②【圆锥】：圆角的截面为圆锥形曲线，可以通过设置控制圆锥锥角的圆锥参数来进一步调整圆角的截面形状。

③【C2 连续】：圆角的截面为 C2 连续曲线，其形状可由形状系数 C2 和参数 D 的数值确定。

④【D1×D2 圆锥】：圆角的截面为锥形曲线，可通过指定参数 D1 和 D2 来创建非对称的锥形圆角。

⑤【D1×D2C2】：圆角的截面为复杂曲线，其形状可由形状系数 C2 和参数 D1、D2 的数值确定。

4) ：指定倒圆角的半径。

5)【选项】区域可设置圆角类型，总共可完成四种类型圆角的创建：

① 延伸曲面：倒圆角时，在连接曲面的延伸部分继续倒圆角。

② 通过曲线：圆角半径数值由曲线驱动，尺寸变化更加丰富。

③ 完全倒圆角：使倒圆角特征成为两个曲面间的过渡特征，圆角半径由两个曲面间的相对距离确定。

④ 弦：所创建的倒圆角半径由多种半径参数确定。

【自动倒圆角】：在【模型】选项卡【工程】区域中，单击【倒圆角】 倒圆角 ▼ 右侧的黑三角按钮，在弹出的下拉选项中选择【自动倒圆角】命令，系统弹出【自动倒圆角】操控选项板，如图4-38所示。

图4-38　自动倒圆角操控选项板

【自动倒圆角】选项板中可以分别设置凸角、凹角圆角半径，以及需要自动倒圆角的范围区域。

4.4.2　创建倒圆角特征的操作步骤

1. 等半径倒圆角特征的创建

1）在【模型】选项卡【工程】区域中，单击【倒圆角】按钮 倒圆角 ▼ ，系统弹出【倒圆角】操控选项板，下面提示栏中提示"选择一条边或边链，或选择一个曲面以创建倒圆角集"。

2）在模型上选取需要倒圆角的边线，被选中的边线将显示为绿色高亮，如需对多条边倒圆角，可按住Ctrl键用鼠标左键点选，如图4-39所示。

3）在【倒圆角】选项板的文本框中输入圆角半径数值，完成后单击 ✓ 按钮退出，完成等半径倒圆角特征创建。

2. 完全倒圆角特征的创建

1）在【模型】选项卡【工程】区域中，单击【倒圆角】按钮 倒圆角 ▼ ，系统弹出【倒圆角】操控选项板，下面提示栏中提示"选择一条边或边链，或选择一个曲面以创建倒圆角集"。

2）在模型上选取两条边线，如图4-40所示，操作时先选取一条边线，然后按住Ctrl键，再选取另一条边线。

3）在【倒圆角】操控选项卡中【选项】区域单击【完全倒圆角】，绘图区中倒圆角特征如图4-41所示，完成后单击 ✓ 按钮退出，完成完全倒圆角特征创建。

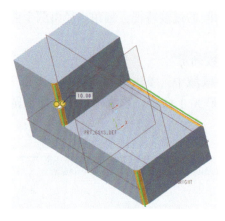 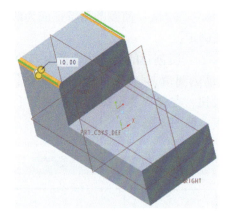

图 4-39　倒圆角多条边选取　　　　图 4-40　完全倒圆角两条边选取

3. 自动倒圆角特征的创建

1）在【模型】选项卡【工程】区域中，单击【倒圆角】 右侧的黑三角按钮，在弹出的下拉选项中选择【自动倒圆角】命令，系统弹出【自动倒圆角】操控选项板，下面提示栏中提示"选择要自动倒圆角的面组或主体"。

2）设置自动倒圆角的范围，单击【范围】选项卡，选中【选定的主体/面组】，勾选凸边、凹边复选框。

3）在【倒圆角】操控选项卡中【设置】区域设置凸、凹半径值，完成后单击 按钮退出【完全倒圆角】选项板，绘图区中圆角特征如图 4-42 所示，完成自动倒圆角特征创建。

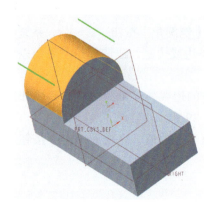 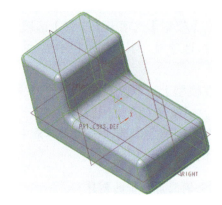

图 4-41　完全倒圆角特征　　　　图 4-42　自动倒圆角特征

4.4.3　实例——绘制底座

1. 设置工作目录、打开文件

1）设置工作目录至 Creo 9.0\ 第四章 \ 第 4 节。

2）单击工具栏中【打开】按钮，在弹出的【文件打开】对话框中选择工作目录下的"4_4dizuo.prt",单击【打开】按钮,打开目标文件。

2. 创建倒圆角特征

绘制底座

1）在【模型】选项卡【工程】区域中,单击【倒圆角】按钮 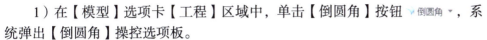,系统弹出【倒圆角】操控选项板。

2）单击【倒圆角】操控选项板中【集】选项卡,按住 Ctrl 键,用鼠标左键单击选取绘图区域底座模型的四条短竖边,如图 4-43 所示,在【集】选项卡底部的【半径】文本框中输入圆角半径数值"3";单击【集】选项卡【集 1】下部的【新建集】,按住 Ctrl 键,用鼠标左键单击选取绘图区域底座模型的四条长竖边,如图 4-44 所示,在【集】选项卡底部的【半径】文本框中输入圆角半径数值"2";单击【集】选项卡【集 2】下部的【新建集】,按住 Ctrl 键,用鼠标左键单击选取绘图区域底座模型的两个半圆弧,如图 4-45 所示,在【集】选项卡底部的【半径】文本框中输入圆角半径数值"1",完成后单击 ✓ 按钮退出倒圆角特征的创建。

3）重复步骤 1）和步骤 2）的操作,将绘图区域底座模型其余几条边进行倒圆角,如图 4-46 所示,完成所有倒圆角特征的创建。

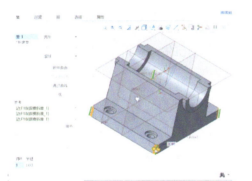

图 4-43 【集 1】倒圆角特征

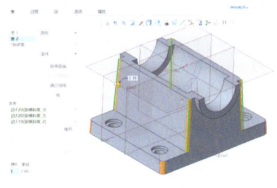

图 4-44 【集 2】倒圆角特征

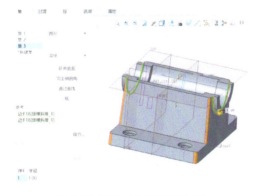

图 4-45 【集 3】倒圆角特征

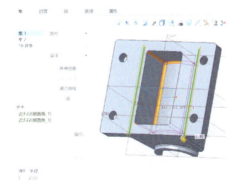

图 4-46 其余倒圆角特征

4）单击工具栏【保存】按钮,系统弹出【保存对象】对话框,采用默认名称并单击【确定】按钮,完成文件的保存。

4.5 壳特征

4.5.1 操控选项板介绍

壳特征是将实体的一个或几个表面去除，然后掏空实体的内部，留下一定壁厚的壳，即将已有实体变为薄壁结构实体。在使用壳特征命令时，各特征的创建次序非常重要。

在【模型】选项卡【工程】区域中，单击【壳】 壳按钮，系统弹出【壳】操控选项板，如图 4-47 所示。

图 4-47　壳操控选项板

【壳】操控选项板中内容较少，其主要操作命令的具体含义如下：

1）厚度：5.68　：设置壳体厚度数值及壳体厚度偏移方向。

2）【参考】选项卡：【参考】选项卡中主要包括【要壳化的主体】【移除曲面】【非默认厚度】三个对象收集器，如图 4-48 所示。

①【要壳化的主体】：用于选取需要抽壳的主体。

②【移除曲面】：用来选取创建壳特征时在实体上需要移除的面，移除多个面时可以按住 Ctrl 键选取多个表面。

③【非默认厚度】：用于选取要为其指定不同壁厚的曲面，然后分别为这些曲面单独指定厚度值。其余曲面将统一使用默认厚度，默认厚度值可以在【壳】操控选项板上的【厚度】文本框中设定。

3）【选项】选项卡：该选项卡可对抽壳对象中的排除曲面、曲面延伸以及防止抽壳操作与其他凹拐角、凸拐角特征之间切削穿透进行设置，如图 4-49 所示。

图 4-48　【参考】选项卡

图 4-49　【选项】选项卡

4)【属性】选项卡:在该选项卡中可以查看壳特征的删除曲面、厚度、方向等参数信息,并可对壳特征进行重命名操作。

4.5.2 创建壳特征的操作步骤

1)在【模型】选项卡【工程】区域中,单击【壳】🗖 壳按钮,系统弹出【壳】操控选项板,下面提示栏中提示"选择要移除的曲面"。

2)在绘图区按住 Ctrl 键选取模型中需要移除的曲面,选中的曲面表面有绿色细虚线,并自动预览出抽壳后的特征,如图 4-50 所示。

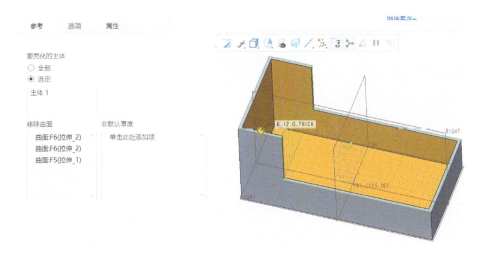

图 4-50 壳特征移除曲面选取

3)在【壳】操控选项板【设置】区域的【厚度】文本框中输入壳体厚度数值,该厚度默认为所有壁面的厚度;如有个别壁面厚度不同于该厚度,可单击【参考】选项卡,单击【非默认厚度】收集器,选择绘图区中需要设置不同壁面厚度的面,并在【非默认厚度】收集器文本框中输入该面的厚度,如图 4-51 所示。

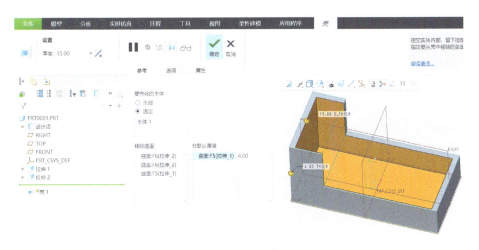

图 4-51 【非默认厚度】壁厚设置

4）完成后单击 ✔ 按钮退出【壳】选项板，绘图区中生成的壳特征如图 4-52 所示，完成壳特征的创建。

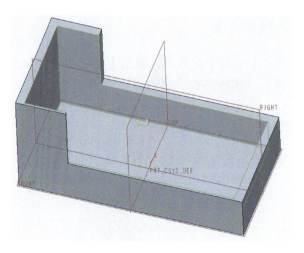

图 4-52　壳特征

4.6　筋特征

4.6.1　操控选项板介绍

筋特征也称为肋板，主要用于加固零件，也常用来防止出现不需要的折弯。筋特征的创建过程与拉伸特征类似，不同的是筋特征的草图截面可以是不封闭的。在 Creo 中提供了两种筋特征的创建方法：【轨迹筋】和【轮廓筋】。

【轨迹筋】：通常由筋板的侧面造型创建筋板，常用于塑料零件的加固。筋的轨迹可以在腔槽曲面上草绘获得，也可通过选取已有草绘获得。

【轮廓筋】：通常由筋板的正面造型创建筋板，一般通过定义两个垂直曲面间的特征横截面来创建。

在【模型】选项卡【工程】区域中，单击【筋】 筋 右侧的黑三角按钮，在弹出的下拉选项中选择【轨迹筋】 轨迹筋 命令，系统弹出【轨迹筋】操控选项板，如图 4-53 所示。

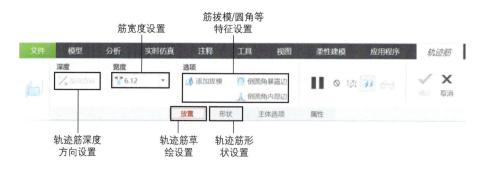

图 4-53　轨迹筋操控选项板

【轨迹筋】操控选项板中主要操作命令的具体含义如下：

1）反向方向：调整由草图生成的轨迹筋方向。

2）：轨迹筋宽度设置。

3）添加拔模：给轨迹筋添加拔模特征，该按钮按下后，在【形状】选项卡或绘图区中可设置拔模角度。

4）倒圆角暴露边：给轨迹筋顶边添加圆角特征，该按钮按下后，在【形状】选项卡或绘图区中可设置圆角半径。

5）倒圆角内部边：给轨迹筋底边添加圆角特征，该按钮按下后，在【形状】选项卡或绘图区中可设置圆角半径。

6）【放置】选项卡：【放置】选项卡中利用【定义】按钮可以定义轨迹筋的草绘平面、草绘视图方向及参考等，进入草绘后进行轨迹的草绘。

7）【形状】选项卡：【形状】选项卡可以预览轨迹筋的形状，并对其参数进行快捷修改，当按下【选项】区域的【添加拔模】【倒圆角暴露边】【倒圆角内部边】后，【形状】选项卡中的轨迹筋截面也会相应变化，如图4-54所示。

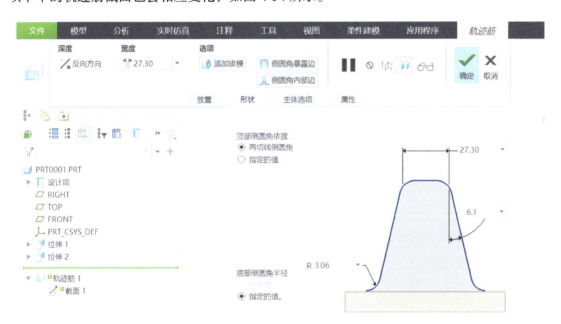

图4-54 【形状】选项卡

8）【主体选项】选项卡：单击【主体选项】选项卡，可定义新生成的轨迹筋特征合并到其他几何体或创建新主体。

9）【属性】选项卡：单击【属性】选项卡，可修改【名称】文本框中轨迹筋特征的名称。

在【模型】选项卡【工程】区域中，单击【筋】 筋 右侧的黑三角按钮，在弹出的下拉选项中选择【轮廓筋】 轮廓筋 命令，系统弹出【轮廓筋】操控选项板，如图4-55所示。

图 4-55 轮廓筋操控选项板

4.6.2 创建轨迹筋特征的操作步骤

1）在【模型】选项卡【工程】区域中，单击【筋】 筋 右侧的黑三角按钮，在弹出的下拉选项中选择【轨迹筋】 轨迹筋 命令，系统弹出【轨迹筋】操控选项板。

2）单击【轨迹筋】选项板下方的【放置】按钮，在展开的图 4-56 所示的【放置】选项卡中单击【定义...】按钮，系统弹出【草绘】对话框。也可直接右键单击绘图区，在弹出的快捷菜单中选择【定义内部草绘】命令，从而打开【草绘】对话框。

3）选择图 4-57 所示实体的上顶面为草绘平面，Right 面为参考面，方向向右。进入草绘环境，绘制图 4-58 所示的样条曲线，完成后单击 ✓ 按钮退出草绘环境。

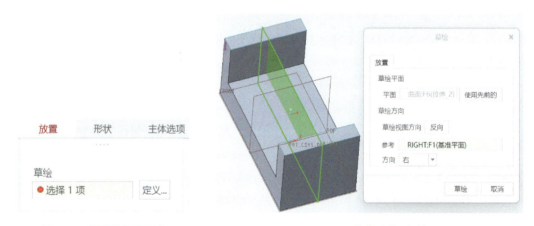

图 4-56 【放置】选项卡　　　图 4-57 【草绘】对话框

4）在【轨迹筋】操控选项板【宽度】区域的文本框中输入轨迹筋宽度数值，在绘图区中可以预览轨迹筋生成效果，如图 4-59 所示。

5）如需对生成的【轨迹筋】添加拔模或圆角特征，可以将【轨迹筋】操控选项板中【选项】区域的相应按钮按下，图 4-60 所示为三个按钮都按下，【形状】选项卡及绘图区预览效果。

6）完成后单击 ✓ 按钮退出【轨迹筋】选项板，绘图区中生成的轨迹筋特征如图 4-61 所示，完成轨迹筋特征的创建。

第 4 章 工程特征

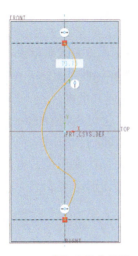

图 4-58 【轨迹筋】草绘

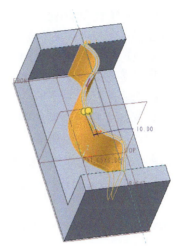

图 4-59 轨迹筋预览

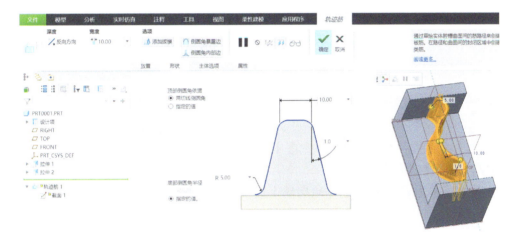

图 4-60 轨迹筋添加拔模、圆角特征

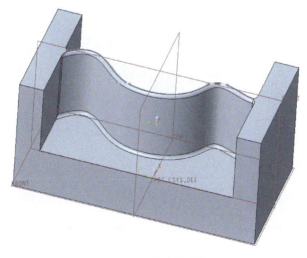

图 4-61 轨迹筋特征

083

4.6.3 创建轮廓筋特征的操作步骤

1）在【模型】选项卡【工程】区域中，单击【筋】右侧的黑三角按钮，在弹出的下拉选项中选择【轮廓筋】命令，系统弹出【轮廓筋】操控选项板。

2）单击【轮廓筋】选项板下方的【参考】按钮，在展开的图 4-62 所示的【参考】选项卡中单击【定义...】按钮，系统弹出【草绘】对话框。也可直接右键单击绘图区，在弹出的快捷菜单中选择【定义内部草绘】命令，从而打开【草绘】对话框。

3）选择图 4-63 所示实体的 Right 面为草绘平面，Top 面为参考面，方向向上。进入草绘环境，绘制图 4-64 所示的草绘截面，完成后单击 ✔ 按钮退出草绘环境。

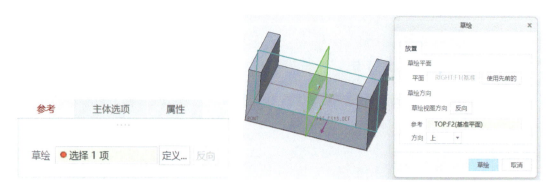

图 4-62 【参考】选项卡　　　　　　　图 4-63 【草绘】对话框

4）在【轮廓筋】操控选项板【宽度】区域的文本框中输入轮廓筋宽度数值，在绘图区中可以预览轮廓筋生成效果。

5）完成后单击 ✔ 按钮退出【轮廓筋】选项板，绘图区中生成的轮廓筋特征如图 4-65 所示，完成轮廓筋特征的创建。

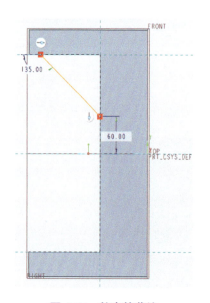
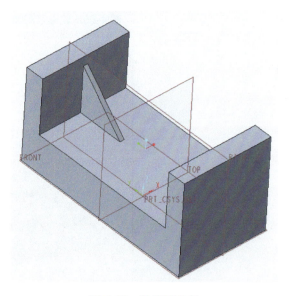

图 4-64 轮廓筋草绘　　　　　　　　图 4-65 轮廓筋特征

4.6.4 实例——绘制底座

1. 设置工作目录、打开文件

1）设置工作目录至 Creo 9.0\ 第四章 \ 第 6 节。

2）单击工具栏中【打开】按钮，在弹出的【文件打开】对话框中选择工作目录下的"4_6dizuo.prt"，单击【打开】按钮，打开目标文件。

2. 创建筋特征

1）在【模型】选项卡【工程】区域中，单击【筋】 右侧的黑三角按钮，在弹出的下拉选项中选择【轨迹筋】 轨迹筋 命令，系统弹出【轨迹筋】操控选项板，在【轨迹筋】操控选项板中将【添加拔模】 添加拔模 按钮、【倒圆角暴露边】 倒圆角暴露边 按钮、【倒圆角内部边】 倒圆角内部边 按钮均按下，如图 4-66 所示。

图 4-66 【轨迹筋】操控选项板设置

2）单击【轨迹筋】选项板下方的【放置】按钮，在【放置】选项卡中单击【定义...】按钮，系统弹出【草绘】对话框，在绘图区域选取底座模型的底平面为草绘平面，FRONT 面为参考平面，方向向上，单击【草绘】进入草绘环境。

3）在草绘平面上绘制图 4-67 所示的曲线，完成后单击 ✔ 按钮退出草绘环境。

4）单击【轨迹筋】选项板下方的【形状】按钮，在【形状】选项卡中设置轨迹筋截面轮廓形状参数，包括筋的厚度、拔模角度、圆角半径等，如图 4-68 所示，完成后单击 ✔ 按钮退出轨迹筋特征的创建，如图 4-69 所示。

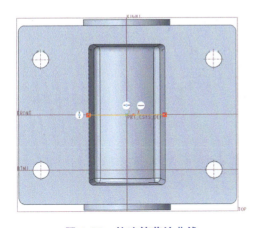

图 4-67 轨迹筋草绘曲线

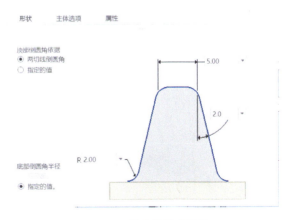

图 4-68 轨迹筋轮廓形状

5)在【模型】选项卡【工程】区域中,单击【筋】 筋 右侧的黑三角按钮,在弹出的下拉选项中选择【轮廓筋】 轮廓筋 命令,系统弹出【轮廓筋】操控选项板。

6)单击【轮廓筋】选项板下方的【参考】按钮,在【参考】选项卡中单击【定义…】按钮,系统弹出【草绘】对话框,选择FRONT面为草绘平面,RIGHT面为参考面,方向向下,单击【草绘】进入草绘环境。

7)在草绘平面上绘制图4-70所示的曲线,完成后单击 ✓ 按钮退出草绘环境。

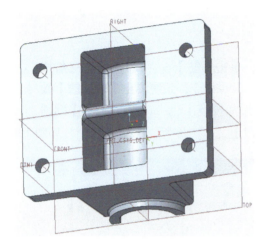

图4-69 轨迹筋特征

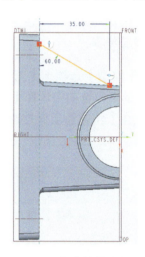

图4-70 轮廓筋草绘曲线

8)在【轮廓筋】操控选项板【宽度】区域的文本框中输入轮廓筋宽度数值"3",在绘图区中可以预览轮廓筋生成效果,如图4-71所示,完成后单击 ✓ 按钮退出轮廓筋特征的创建。

9)在模型树中单击选中刚才创建的轮廓筋特征,在【模型】选项卡【编辑】区域中,单击【镜像】 镜像 按钮,进入【镜像】操控选项板,在绘图区域选择RIGHT面作为镜像平面镜像孔特征,完成后单击 ✓ 按钮退出镜像创建,如图4-72所示。

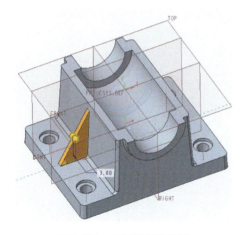

图4-71 预览轮廓筋特征

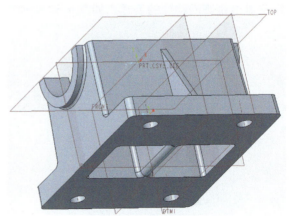

图4-72 轮廓筋特征

10）单击工具栏【保存】按钮，系统弹出【保存对象】对话框，采用默认名称并单击【确定】按钮，完成文件的保存。

练 习 题

在 Creo Parametric 9.0 中完成以下零件模型的创建。

1. 挡板（图 4-73）

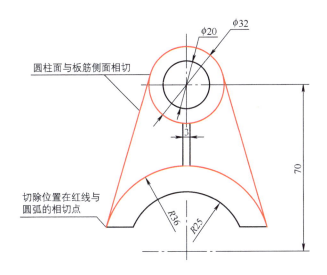

图 4-73　挡板

2. 法兰盘（图 4-74）

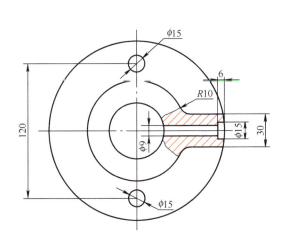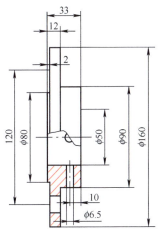

图 4-74　法兰盘

3. 混合器（图 4-75）

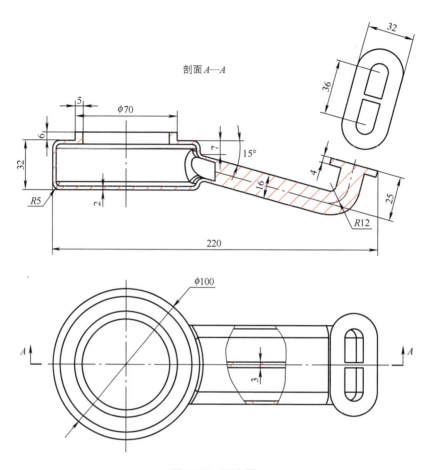

图 4-75　混合器

总　　结

本章对孔特征、拔模特征、倒角特征、倒圆角特征、壳特征和筋特征的操控选项板各选项进行了详细介绍，并结合实例介绍了各工程特征创建流程、操作步骤、要点难点等。

第 5 章 特 征 编 辑

☞ **学习目标：**

内容	掌握程度	建议课时
特征复制和阵列	★★★★★	2
特征修改、重定义、尺寸动态编辑	★★★★★	1
特征父子关系、隐含、隐藏、删除等	★★★★	1

☞ **学习建议：**

直接创建的实体特征通常不能完全符合设计要求，这时就需要通过特征的编辑命令对特征进行编辑。编辑命令是建模过程中使用频率较高的操作工具，可以实现特征的复制、镜像、阵列、群组、删除、隐含等。

通过本章的学习，读者应该能够熟练地掌握各种编辑命令及其使用方法，并能灵活熟练应用，提高建模的效率。

☞ **思维导图：**

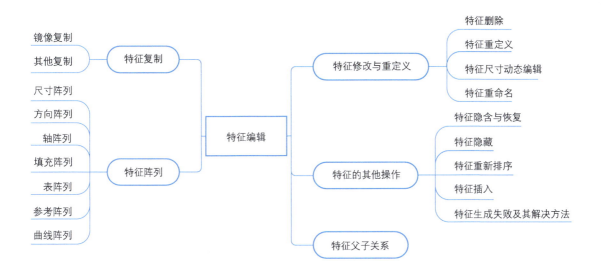

5.1 特征复制

特征复制操作是将零件模型中的单个特征、多个特征或组特征，通过复制操作产生与原特征相同或相近的特征，并将其放到当前零件指定位置上的一种特征操作方法。

5.1.1 镜像复制

使用"镜像"命令不但可以快速生成对称的特征，还可镜像面组和曲面等。
对于图 5-1b 所示的筋特征，可以通过特征镜像的方法生成。

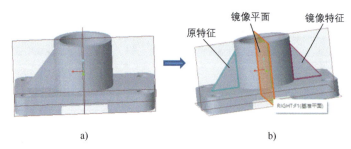

图 5-1　特征镜像

操作过程如下：

1）选择要镜像的特征，然后单击功能区【模型】选项卡【编辑】组中的【镜像】按钮)[(。
2）在弹出的图 5-2 所示的镜像操控面板中，指定镜像平面（本例中为 RIGHT 平面），单击操控面板中的 ✔ 按钮，完成特征镜像操作。

图 5-2　特征镜像操控面板

注：在模型树中同时选中多个特征，然后选择镜像命令，可以一次镜像复制多个特征；在模型树中直接选取最顶层的模型文件，执行镜像操作，可以镜像复制整个模型。

5.1.2 其他复制

除了镜像复制外，系统还提供了其他复制方式，操作过程如下：

1）选择要复制的特征，然后在【模型】选项卡的【操作】组中单击【复制】按钮 ，或按组合键 Ctrl+C，将原始特征复制到剪贴板上。
2）在【模型】选项卡的【操作】组中单击【粘贴】按钮 ，或按组合键 Ctrl+V，打开原始特征的特征创建界面。
3）根据被复制特征的不同，重定义粘贴的特征。
4）重复步骤 2）和 3）可以创建多个复制特征。

5.2　特征阵列

特征阵列是将指定特征创建成按某种规则有序排列的、一定数量的与原特征形状相同或相近的组结构特征的操作方法。

在建模过程中，如果需要同时建立多个相同或相近的特征，如法兰盘上的孔、齿轮上的齿等，可使用阵列命令。操作过程如下：

选取要阵列的对象。单击【模型】选项卡【编辑】组中的【阵列】按钮，打开【阵列】工具选项卡，如图 5-3 所示。

图 5-3 【阵列】工具选项卡

特征阵列有尺寸阵列、方向阵列、轴阵列、填充阵列、表阵列、参考阵列、曲线阵列等多种方式。使用不同的阵列可以生成不同排列形式的阵列特征。下面介绍各种阵列的创建方法和过程。

5.2.1 尺寸阵列

尺寸阵列通过使用创建原始特征的驱动尺寸来控制阵列的生成，选择单方向的驱动尺寸可创建单向阵列，选择双方向的驱动尺寸可创建双向阵列。下面以图 5-4 为例说明尺寸阵列的创建方法和过程。

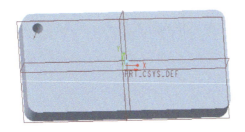 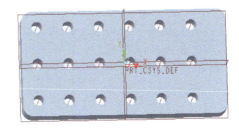

图 5-4 尺寸阵列

1）选定要阵列的对象，单击【阵列】按钮，系统弹出图 5-5 所示的操控面板。

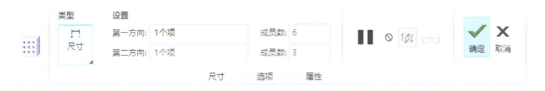

图 5-5 阵列操控面板

2）选定阵列类型为【尺寸】。
3）定义阵列尺寸、增量和阵列数量。

在图 5-6 所示的阵列滑动面板上先单击方向 1 的对话框将其激活，单击模型中的尺寸 170 作为尺寸 1，定义增量为"60"（若在阵列预览中显示的阵列特征位置与期望的不一致，可将增量设为负值）。用同样的方式定义方向 2 的阵列参数，在图 5-5 中定义阵列数量，单击操控面板的【确定】按钮后即可获得双向阵列特征。若只需要一个方向的阵列，只定义方向 1 即可。阵列预览如图 5-7 所示。

图 5-6　阵列滑动面板　　　　　　　　图 5-7　阵列预览

注：若要使阵列中的某个成员不生成，可单击标识该成员的黑点，当黑点变成白点，此成员在生成阵列时将被跳过。

5.2.2　方向阵列

方向阵列通过先选择平面、边或坐标轴等来确定一个阵列方向，再指定成员数和间距的方式创建阵列特征。方向阵列的操控面板如图 5-8 所示。除了阵列方向的选择控制方式不同外，其他的操作与尺寸阵列相同。

图 5-8　方向阵列操控面板

5.2.3　轴阵列

轴阵列通过选取旋转轴作为参照将特征沿圆周进行阵列。如图 5-9 所示，将孔特征围绕圆柱轴线 A_1 轴阵列，形成 6 个环形排列均布的孔特征。

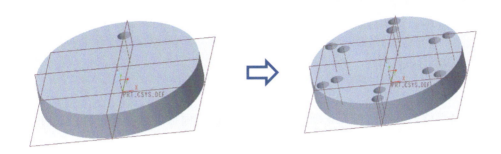

图 5-9 轴阵列

下面以图 5-9 中的阵列特征为例，说明轴阵列的创建方法和过程。

1）选取要阵列的孔特征，单击功能区【模型】选项卡【编辑】组中的【阵列】按钮，系统弹出阵列操控面板。

2）选择【轴】阵列方式，并选择轴阵列的轴线 A_1。

3）定义阵列数量和阵列成员数，操控面板如图 5-10 所示，获得图 5-11 所示的预览效果。

4）单击操控面板中的 ✓ 按钮，完成轴阵列。

图 5-10 轴阵列操控面板

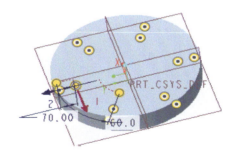

图 5-11 轴阵列预览

5.2.4 填充阵列

填充阵列可用以栅格定位的特征实例来填充选定区域，其中的栅格可以有固定排列模式，如矩形栅格、圆形栅格、菱形栅格等，图 5-12 所示为填充阵列操控面板。

操作方法如下：

1）选取要阵列的特征，单击【阵列】按钮，选择阵列类型为填充。

图 5-12 填充阵列操控面板

2）使用草绘工具绘制填充区域轮廓，在阵列操控面板上选择栅格阵列的方式，定义阵列特征间距、旋转角度、边界等。

3）单击【确定】按钮 ✓，完成阵列操作。

图 5-13 所示分别为正方形、菱形、圆形、曲线填充阵列的预览效果。

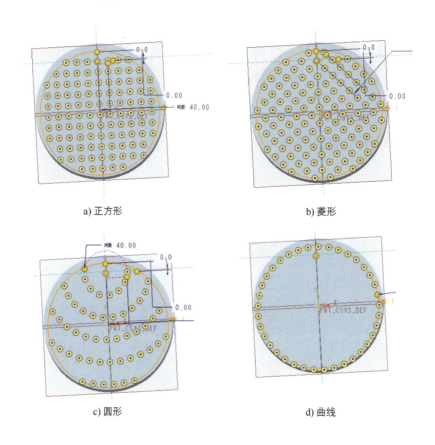

a) 正方形 b) 菱形

c) 圆形 d) 曲线

图 5-13 不同阵列方式的填充效果

5.2.5 表阵列

表阵列通过使用阵列表并为每一个阵列特征指定空间位置和尺寸来控制阵列的形成。使用表阵列能够创建复杂的、不规则排列的特征阵列。如图 5-14 所示，模型上分布着 6 个大小、位置各异且不容易用算式表达的孔，使用表阵列的方法阵列左图中的孔可得右图模型中的其他孔。

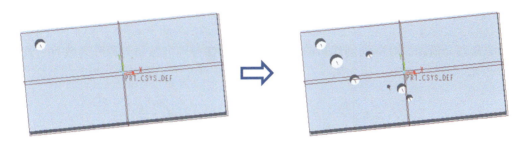

图 5-14 表阵列

具体操作如下：

1）先选取待阵列特征，单击【阵列】按钮，选择（表阵列），操控面板如图 5-15 所示。

图 5-15 表阵列操控面板

2）单击【表尺寸】选项，按住 Ctrl 键选择模型上的尺寸，如图 5-16 所示。

3）单击操控面板中的【编辑】按钮，在弹出的编辑表窗口中，依次输入对应孔特征的序号，对应每个新的尺寸项目分别输入新尺寸，编辑 6 个孔的 3 个可变尺寸，如图 5-17 所示，保存后单击【文件】【退出】菜单项，返回阵列界面。

图 5-16 阵列表中的尺寸列表

图 5-17 阵列表的编辑界面

5.2.6 参考阵列

参考阵列是借助原有阵列创建新的阵列，创建的参考阵列数目与原阵列数目一致，如图 5-18 所示。

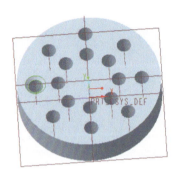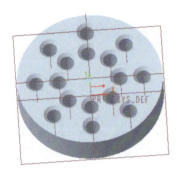

图 5-18 参考阵列

说明：

1）模型中必须存在阵列特征，才能使用【参考】类型阵列新特征。

2）并不是任何特征都可以建立参考阵列，只有待阵列特征的参照与原有阵列特征的参照相一致时才可以。

3）使用参考阵列后，原阵列和新阵列之间存在父子关系，改变父阵列，则对应的子阵列也随之改变。

5.2.7 曲线阵列

曲线阵列可沿草绘曲线创建特征实例。创建曲线阵列时，首先选取或创建一条曲线，通过指定阵列成员间的距离或成员个数，将选取的特征沿着曲线创建阵列。

5.3 特征修改与重定义

产品设计过程就是一个不断修改模型的过程。需要对模型进行修改时，单击模型树中待修改的特征，在弹出的图 5-19 所示的菜单中，右击特征，系统弹出右键快捷菜单，如图 5-20 所示，可以进行删除、重定义、修改尺寸、重命名等操作。本节将介绍这些功能。

5.3.1 特征删除

特征删除可以将选中的一个或多个特征删除，方法有以下几种：

1）在模型树中单击要删除的特征（或按 Ctrl 键选中多个特征），右键调出快捷菜单，在右键菜单中单击【删除】。

2）在图形窗口中选中要删除的特征后右击，在右键菜单中单击【删除】。

3）选中要删除的特征后，按 Delete 键。

执行删除操作后，系统弹出图 5-21 所示提示框。

图 5-19　特征的左键菜单　　图 5-20　特征的右键菜单　　图 5-21　【删除】提示框

注：【删除阵列】与【删除】不同，单击【删除阵列】菜单项将仅删除阵列，原始特征将以独立特征的形式出现在模型树上，若单击【删除】菜单项，将删除阵列和生成阵列的原始特征。

5.3.2　特征重定义

特征建立完成后，如果想修改特征的属性、截面形状或者深度模式等，必须对特征进行重定义。

单击要重定义的特征，然后单击弹出的【编辑操作】项目下的编辑定义图标 ✏，即可重定义特征。

下面说明特征重定义的过程。

1）单击模型待重新定义的特征，再单击编辑定义图标 ✏，系统弹出操控面板，如图 5-22 所示。

图 5-22　拉伸特征重定义的操控面板

2）在操控面板中可以直接改变相关的参数值。可以看出，特征重定义的过程相当于特征建立时各步骤的重演，在这个过程中可以更改特征的任何选项。

3）单击操控面板中的确定 ✓ 按钮，完成特征重定义。

5.3.3 特征尺寸动态编辑

如果不想改变特征的基本结构，只是要编辑特征尺寸，可以采用特征尺寸动态编辑的方式。单击【编辑操作】中的【编辑尺寸】，特征的尺寸将显示在模型上，对其进行修改即可。方法如下：

1）双击尺寸并输入新值，按 Enter 键后模型将动态再生。
2）拖动动态控制滑块，可改变相应的数值。

完成特征尺寸的动态编辑后，在进行下一步操作时，模型将自动再生，也可单击顶部工具栏中的再生按钮，或者按组合键 Ctrl+G。

5.3.4 特征重命名

给模型中的特征起一个直观的名字，可以便于查找，也可以帮助别人理解设计者的意图。特征的名称可以在其操控面板的【属性】中进行修改，如图 5-23 所示。

图 5-23　在拉伸特征操控面板中修改特征名称

也可在模型树中，右击该特征，在右键菜单中选择【重命名】来修改，如图 5-24 所示。还可在模型树中，直接双击该特征实现重命名，如图 5-25 所示。

图 5-24　右击特征实现重命名　　　图 5-25　双击特征实现重命名

5.4 特征的其他操作

5.4.1 特征隐含与恢复

隐含特征类似于将其从再生中暂时删除，但可以随时恢复已隐含的特征。当模型中含有较多复杂特征时，这些特征的显示和重新生成会占用较多的系统资源，会使系统反应变慢，可以通过隐含零件上的特征来简化零件模型，并减少再生时间。

在设计过程中隐含某些特征，具有以下作用。

1）隐含其他区域特征后，更专注于当前工作区。

2）隐含当前不需要的特征，可使显示内容较少，提高反应速度。

3）隐含特征可以起到暂时删除特征，尝试不同的设计迭代的作用。

举例：将图5-26中的一道槽隐含，隐含后如图5-27所示。

图 5-26　隐含前　　　　　　　　　　　图 5-27　隐含后

从模型树中选择待隐含的特征"拉伸4"，在弹出的菜单中单击【隐含】按钮，系统弹出【隐含】对话框，单击【确定】按钮，选择的特征将被隐含，图形区将不显示该特征。此时，模型树中该特征前带有一个项目符号，表示该特征被隐含，如图5-28所示。

注：一般情况下，模型树上不显示被隐含的特征。如果要显示隐含特征，可以在【模型树】选项卡中执行【设置】—【树过滤器】命令，打开【模型树项】对话框，在【显示】选项组下，勾选【隐含的对象】复选框，然后单击【确定】按钮，这样隐含对象就会在模型树中显示，并带有一个项目符号。

注意：与其他特征不同，一般情况下基本特征不能隐含。若要对基本特征隐含，可在系统弹出的图5-29所示【隐含】对话框，单击【编辑细节】进行设置。

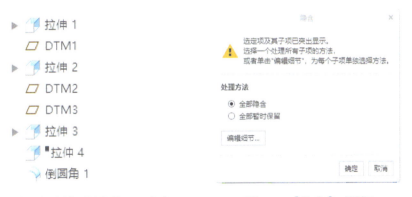

图 5-28　隐含特征在模型树中的显示方式　　　图 5-29　【隐含】对话框

若要恢复隐含特征，可以单击【恢复】按钮，隐含对象将在绘图区重新显示，模型树中该特征前将不带项目符号。

5.4.2　特征隐藏

系统允许在当前进程中的任何时间隐藏和取消隐藏所选的图元。操作方法如下：选取待隐藏的图元，在弹出的工具栏中单击【隐藏】按钮，即可实现隐藏；若要取消隐藏，则单击【显示】按钮，取消隐藏即可。

可以隐藏的特征主要有基准面、基准轴、基准点、基准曲线、曲面、元件，以及含有轴、平面和坐标系的特征等。

5.4.3 特征重新排序与特征插入

特征的顺序是指特征出现在模型树中的先后顺序。对现有特征进行重新排序可更改模型的外观，但需要注意的是，在排序的过程中不能将子特征排在父特征之前。

从模型树中选择一个或多个特征，在特征列表中拖动鼠标，将所选特征拖动到新位置即可。

在进行零件设计的过程中，有时为了建立一个特征，需要在该特征或者几个特征之前先建立其他特征，此时就需要插入特征操作。

操作方法如下：

从模型树中选择一个特征，右击弹出快捷菜单，选择【在此插入】选项，此时该特征后面的特征将处于被隐含状态，如图 5-30 所示。单击【退出插入模式】则退出插入操作。

图 5-30　插入操作的模型树

5.4.4 特征生成失败及其解决方法

在创建特征或重定义特征过程中，有时设计者的建模步骤是正确的，却不能生成所建立的特征或模型，这称为特征生成失败。

1. 特征建模过程中特征生成失败

建立扫描实体过程中，选作轨迹的草绘曲线如图 5-31 所示，扫描属性为"合并端"，扫描截面为直径 20mm 的圆，单击【确定】按钮完成特征时，不能生成想要的实体，如图 5-32 所示。

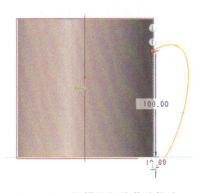
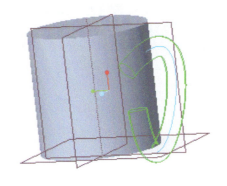

图 5-31 扫描特征的草绘轨迹　　　　图 5-32 无法生成实体扫描特征

上例中，问题主要出在扫描轨迹的底部端点，因为设置的属性是生成"合并端"，那么扫描特征要与原有的实体相结合，但图 5-31 中的轨迹线，生成的扫描特征势必要延伸到实体外，所以实体无法创建。

解决办法：此时可以尝试改变草绘轨迹，尝试让轨迹末端远离实体边缘，如图 5-33a 所示，或使轨迹末端与已有实体边界接近垂直，如图 5-33b 所示，这两种方法都有可能解决特征生成失败问题。

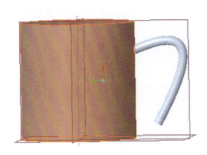
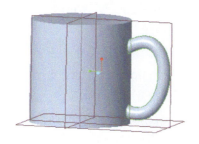

a) 轨迹末端远离实体边缘的扫描结果　　b) 轨迹末端与已有实体边界接近垂直的扫描结果

图 5-33 修改后的扫描特征

2. 特征修改过程中特征生成失败

特征修改过程中，若出现参照丢失或特征尺寸不合适的情况，也可能会导致特征生成失败。但是在 Creo Parametric 9.0 版本中，这类问题得到了较好的解决，已极少出现。

5.5 综合实例

建立图 5-34 所示的标准渐开线齿轮。

直齿圆柱齿轮的设计有一套标准的参考，相关参数的计算都是按照既定的方法完成的。对类似的标准件或具有标准设计流程的零件建模，采用参数化建模的方式能有效提高建模效率。通过参数化建模的方式设计新的齿轮时，输入齿轮的参数，则能生成新的齿轮。

通过本例，可进一步熟悉拉伸和旋转等基本操作，掌握齿轮参数化建模的步骤和方法；学习渐开线的创建过程，以及阵列特征的操作等。

直齿圆柱齿轮建模

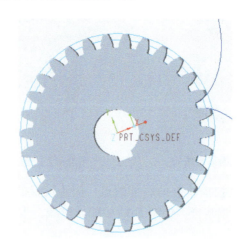

图 5-34　渐开线直齿圆柱齿轮

5.5.1　直齿圆柱齿轮建模相关公式和参数

压力角 Alpha=20、模数 m=2、齿数 z=30、齿顶高系数 hax=1、顶隙系数 cx=0.25、变位系数 x=0；B=28。

由上述参数计算齿轮尺寸如下：

齿顶圆直径：da=m*z+2hax*m=64。

分度圆直径：d=m*z=60。

齿根圆直径：df=m*z−2(ha+cx)*m=55。

基圆直径：db=m*z*cos(alpha)。

齿轮建立过程可分为以下步骤：

1）创建参数，并定义关系。
2）使用草绘基准曲线命令建立齿顶圆、分度圆、齿根圆。
3）使用基准曲线命令建立一条渐开线，即齿槽一侧的轮廓线。
4）通过镜像获得另一侧的轮廓线。
5）建立齿轮坯。
6）生成一个齿槽。
7）阵列齿槽。

5.5.2　直齿圆柱齿轮建模过程

1. 设置工作目录、新建一个文件

设置工作目录至 Creo 9.0\ 第五章 \ 第 5 节。新建文件，名称为 "5_5chilun.prt"。

2. 创建用户参数

单击功能区【工具】选项卡【模型意图】组中的【参数】按钮[ ]参数，在弹出的【参数】对话框中单击【添加】按钮+，依次将直齿轮的主要参数名称代号和值输入其中，如图 5-35 所示，单击【确定】按钮退出【参数】对话框。

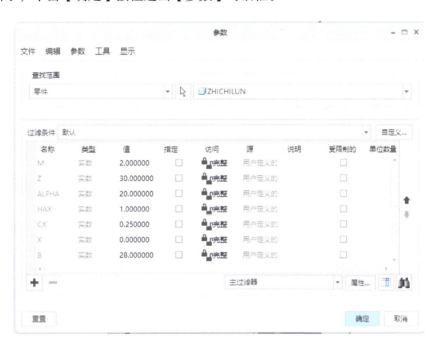

图 5-35　【参数】对话框

各参数名称代号的意义如下：

M 表示模数，Z 表示齿数，ALPHA 表示齿轮压力角，HAX 表示齿顶高系数，CX 表示顶隙系数，B 表示齿轮宽度，HA 表示齿顶高，HF 表示齿根高，X 表示变位系数。

3. 创建关系

单击功能区【工具】选项卡【模型意图】组中的 d=关系 按钮，系统弹出【关系】对话框，将直齿轮各参数间的关系式输入其中，如图 5-36 所示。单击【确定】按钮退出【关系】对话框。

4. 在 FRONT 面上建立齿顶圆、分度圆和齿根圆

1）单击功能区【模型】选项卡【基准】组中的草绘按钮，选择 FRONT 面作为草绘平面，RIGHT 面为参照，方向向右，进入草绘界面。

2）以坐标原点为圆心，分别绘制直径为 da、d、df 的圆作为齿顶圆、分度圆、齿根圆，如图 5-37 所示。

注：在草绘圆，修改直径尺寸时，输入 da，系统会弹出图 5-38 所示的对话框，单击【是（Y）】确定，图中即出现计算后的结果 64。其他圆依次输入 df 和 d 即可。

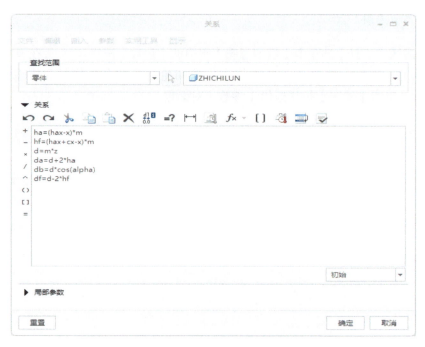

图 5-36 直齿轮关系设置

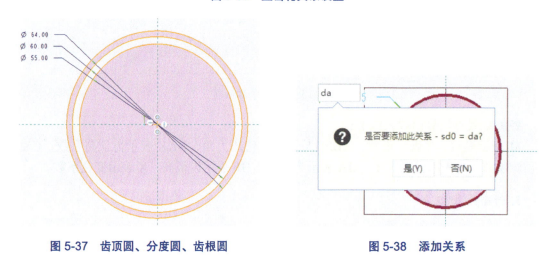

图 5-37 齿顶圆、分度圆、齿根圆　　图 5-38 添加关系

5. 在 FRONT 面上建立一条渐开线

1）单击功能区【模型】选项卡【基准】组中的【基准】—【曲线】—【来自方程的曲线】菜单项，打开来自方程的基准曲线特征操控面板。

2）坐标系类型为"笛卡尔"，【参考】选项卡【坐标系】选取系统默认的坐标系"PRT-CSYS-DEF"。

3）单击 ✎编辑 选项，在弹出的【方程】对话框中输入渐开线方程，如图 5-39 所示，单击【确定】按钮。

4）所绘制的渐开线如图 5-40 所示。

图 5-39　渐开线方程

6. 镜像渐开线，得到齿槽另一侧的渐开线

首先创建一个镜像平面。镜像平面是由经过原渐开线与分度圆交点以及齿轮轴线的辅助平面旋转单个齿槽角度形成的，为了获得此辅助平面需要建立经过平面的轴线和交点。建立步骤如下：

1）建立基准轴线。经过 RIGHT 面和 TOP 面建立一条基准轴线。

2）建立基准点。经过渐开线和分度圆。如图 5-41 所示。

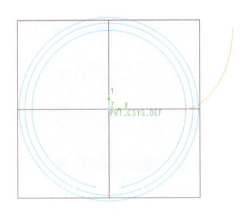

图 5-40　绘制的渐开线

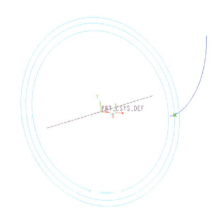

图 5-41　生成的基准轴和基准点

3）建立基准平面。经过步骤 1）、2）中生成的基准轴线和基准点建立基准平面 DTM1。

4）建立镜像用的基准平面。经过步骤 1）中的轴线，并与步骤 3）中建立的基准平面偏移 3° 建立镜像平面 DTM2，如图 5-42 所示。

注：该齿轮有 30 个齿，一个齿和一个齿槽对应的角度为 360°/30=12°，一个齿槽对应 6°，所建的镜像平面 DTM2 与 DTM1 相隔半个齿，所以角度为 3°。

5)镜像渐开线。选中渐开线,单击功能区【模型】选项卡【编辑】组中的【镜像】按钮,激活镜像命令,选取 DTM2 为镜像平面,单击【确定】按钮 完成镜像,如图 5-43 所示。

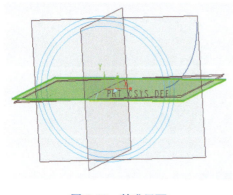

图 5-42 基准平面

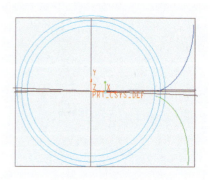

图 5-43 镜像渐开线

7. 建立齿坯

1)单击【拉伸】按钮,选择 FRONT 面作为草绘平面,以 RIGHT 面为参照,方向向右,进入草绘。

2)绘制一个直径为 da 的圆,并在中心绘制孔和键槽截面,如图 5-44 所示,拉伸深度为 B,生成图 5-45 所示的齿坯。

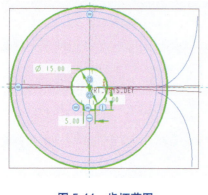

图 5-44 齿坯草图

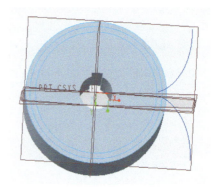

图 5-45 齿坯

8. 建立倒角

在齿轮的边缘上建立 0.5×0.5 的倒角。

9. 建立齿槽切除特征

1)单击【拉伸】按钮,在弹出的操控面板中选定【移除材料】选项。选择 FRONT 面作为草绘平面,以 RIGHT 面为参照,方向向右,进入草绘界面。

2）绘制齿根圆和渐开线的轮廓。单击【投影】按钮，选取齿根圆和两条渐开线，如图 5-46 所示。再利用【拐角】命令依次使渐开线与齿根圆相交，获得齿槽轮廓如图 5-47 所示。使用【圆角】命令将渐开线与齿根圆相交处进行圆角化，半径为 0.5，如图 5-48 所示。用一条直线或曲线使草绘封闭，即可进行拉伸切除操作，结果如图 5-49 所示。

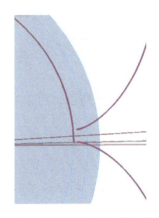

图 5-46 投影得到的渐开线和齿根圆

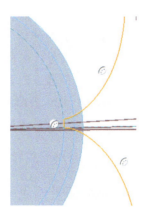

图 5-47 修剪后的齿槽轮廓

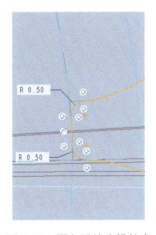

图 5-48 圆角后的齿槽轮廓

图 5-49 生成一个齿槽

10. 阵列齿槽，完成齿轮建立

1）单击第 9 步最后一步的拉伸特征，单击功能区【模型】选项卡【操作】组中的【阵列】按钮，系统弹出阵列操控面板，选取阵列方式为【轴】，单击第 6 步中建立的基准轴线作为阵列轴。

2）指定阵列数目。第一方向成员设为 30，成员间的角度为 12，单击【确定】按钮完成齿槽的阵列，如图 5-50 所示。

保存文件。

图 5-50 齿槽阵列

练 习 题

1. 填空题

1）在零件建模时，有时需要在模型上构造大量重复性的特征，且这些特征在模型上按某种规则有序地排列，此时使用（　　　）方法是最佳的选择。

2）在参数化零件建模时，可以通过两种方式来修改特征的尺寸，一是通过模型树中特征的（　　　）进行修改，二是在（　　　）直接修改。

3）通常模型树上不显示被隐含的特征。如果要显示隐含特征，可以在（　　　）中勾选"隐含的对象"。

2. 建立图 5-51 所示的双联齿轮，其参数如下：

1）齿轮 1：压力角 alpha=20°，模数 m=2.25，齿数 Z1=45，齿顶高系数 hax=1，顶隙系数 Cx=0.25；

2）齿轮 2：压力角 alpha=20°，模数 m=2.25，齿数 Z2=38，齿顶高系数 hax=1，顶隙系数 Cx=0.25。

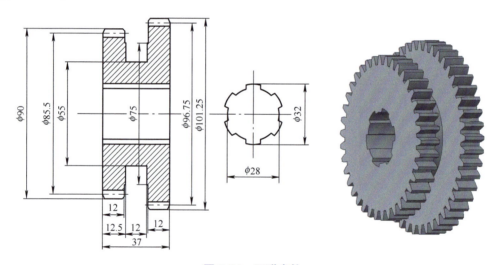

图 5-51　双联齿轮

总　　结

本章系统学习了 Creo Parametric 9.0 软件实体特征的各种编辑方法，介绍了特征复制、镜像、阵列及特征修改、重定义等特征编辑方法，灵活运用，可提高建模质量和效率。

第6章 零件的装配

☞ **学习目标：**

内容	掌握程度	建议课时
装配概述	★★★	1
约束的添加	★★★★★	2
连接类型	★★★★	2

☞ **学习建议：**

Creo Parametric 9.0 功能强大，不仅可以用来设计零件，而且可以进行装配设计。本章力图使读者在学习后能理解装配特征的设计意图和设计方法在设计思想上的集中体现。本章主要介绍 Creo Parametric 9.0 中有关装配的一些基本概念，并着重讲解装配中至关重要的概念——装配约束；以及各种连接装配类型的定义。工业中的机构都是通过一个个零件组装起来的，装配是连接零件与机构的桥梁，所以熟练掌握装配知识和方法至关重要。

通过本章的学习，读者应该能够熟练地掌握约束的适用场合及添加方法，能够理解装配特征的设计意图和设计方法在设计思想上的集中体现。

☞ **思维导图：**

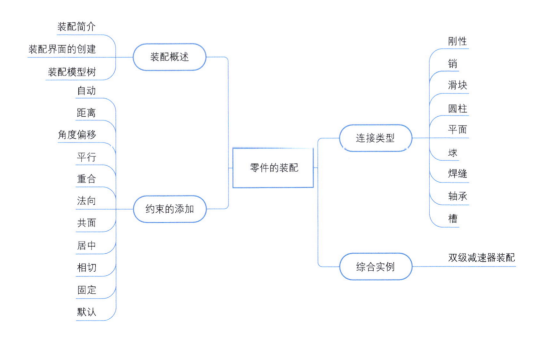

6.1 装配概述

6.1.1 装配简介

零件的装配是指将多个零件按一定的约束关系和连接类型组装在一起形成一个新的组件，以满足设计要求。零件的装配可以通过约束和连接类型两种方式来定义。连接类型与约束的最大区别在于：连接类型是一个动态装配过程，在运动轴上定义电动机后可以发生运动；而约束则是一个静态过程，对于运用约束装配好的组件，不能通过定义电动机使其发生运动。将零部件组装在一起，可以判断各个零部件的设计能否满足总装的配合要求（间隙要求、是否有干涉等）。

在装配过程中需要用到不同的约束类型，如【刚性】【销】【滑块】等，连接类型中需要定义一个或多个约束类型，如【距离】【平行】【重合】等，使其能够控制和确定元件之间的相对位置。

6.1.2 装配界面的创建

在创建装配之前必须有已经创建好的基本元件，然后才能创建或装配附加的装配到现有的装配中。在进行装配时，可采用两种加入元件的方式，一种是在装配模式下添加零件，另一种是在装配模式下创建元件。

单击【新建】按钮，在弹出的【新建】对话框中，【类型】选择【装配】，【子类型】选择【设计】，输入组件名称，取消勾选【使用默认模板】复选框，如图 6-1 所示。单击【确定】按钮，系统弹出【新文件选项】对话框，选择【_abs】模板，如图 6-2 所示，单击【确定】按钮，进入装配界面，如图 6-3 所示。

图 6-1 【新建】对话框

图 6-2 【新文件选项】对话框

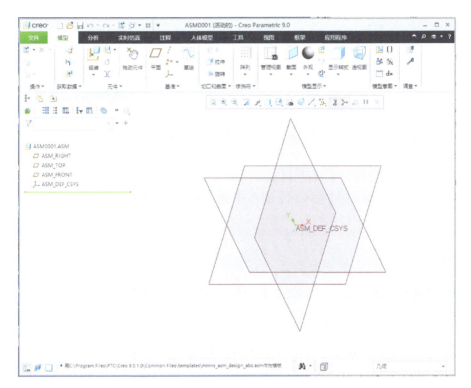

图 6-3 装配界面

注意：若选择【使用默认模板】复选框，必须在系统配置文件 config.pro 中将 template_designasm 设定为 mmns_asm_design.asm，才能使默认的装配设计模板的单位为米制单位。

6.1.3 装配模型树

在装配文件中，模型树显示装配文件名称，并在下面显示所包含的零件文件。模型树内的结构以分层的形式显示，根对象位于树的顶部，附属对象位于下部，如图 6-4 所示。模型树中各图标的功能见表 6-1。

图 6-4 模型树结构图

表 6-1 模型树图标对应的功能含义

图标	名称	功能
纽	全部展开	展开模型树中的所有分支
纽	全部折叠	折叠模型树中的所有分支
囲	显示或隐藏列	显示或隐藏模型树中的列
ᵞ	树过滤器	选取在模型树中显示的项
囲	树列	选取在模型树中显示的列

6.2 约束的添加

在创建了装配文件之后，就可以在装配文件中装配其他元件或者子装配。在向机构装置添加连接元件，定义连接类型后，各种连接类型允许有不同的自由度，每种连接类型都与一组预定义的放置约束相关联，不同的装配模型需要的约束条件也不相同，如滑块接头需要一个轴对齐约束、一个旋转约束和一个平移约束。

元件常用的约束类型有【自动】【距离】【角度偏移】【平行】【重合】【法向】【共面】【居中】【相切】【固定】和【默认】，如图 6-5 所示。本节介绍各种约束的具体含义。

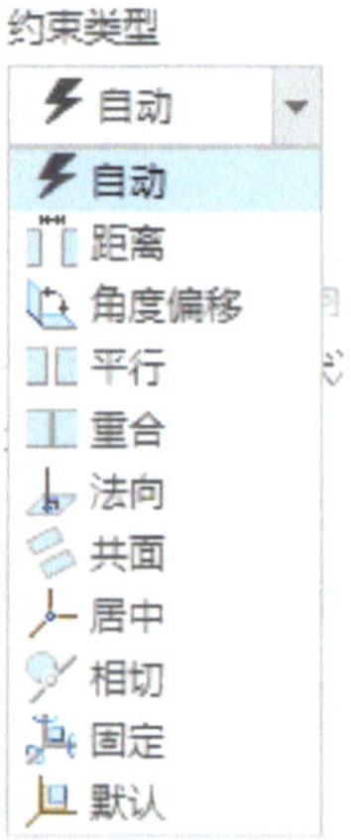

图 6-5 约束类型

6.2.1 自动

自动是软件默认的约束方式，当选择装配参考后，系统会自动以合适的约束进行装配。

在装配界面单击【组装】按钮，在弹出的【打开】对话框中选择要添加的元件文件，单击【打开】按钮，系统弹出图 6-6 所示的操控板。

图 6-6 【元件放置】操控板

在视图中选择图 6-7 所示的两个基准平面，此装配中系统默认的约束是【重合】，效果如图 6-7 所示。约束后效果如图 6-8 所示。

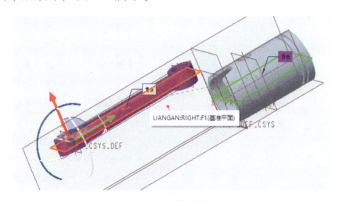

图 6-7 选择平面

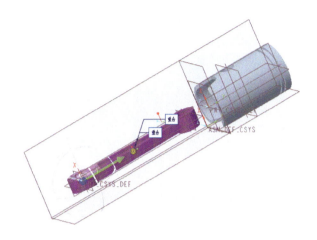

图 6-8 约束后的效果

6.2.2 距离

使用【距离】约束可以定义两个装配元件中的点、线和平面之间的距离值。约束对象可以是元件中的表面、边线、顶点、基准点、基准平面和基准轴,所选对象不必是同一种类型,如可以定义一条直线和一个平面之间的距离。当约束对象是两个平面时,两平面平行,如图 6-9 所示;当距离值为 0 时,所选对象将重合,如图 6-10 所示。

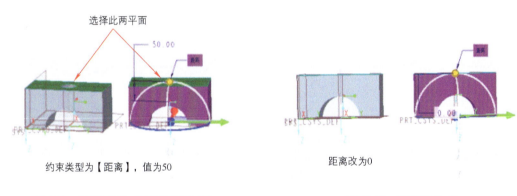

图 6-9 选择平面,设置距离为 50　　　　图 6-10 距离设为 0

6.2.3 角度偏移

用【角度偏移】约束可以定义元件参考与装配参考之间的角度,可以是面与面、线与线、线与面之间的角度。该约束通常需要与其他约束配合使用,才能准确地定位角度,如图 6-11 所示。

6.2.4 平行

用"平行"约束可以定义元件参考与装配参考的两个平面平行,如图 6-12 所示。

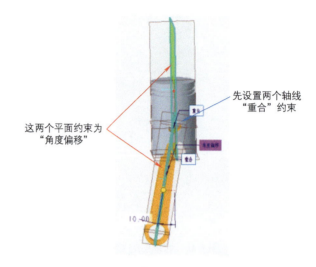

图 6-11 【角度偏移】约束

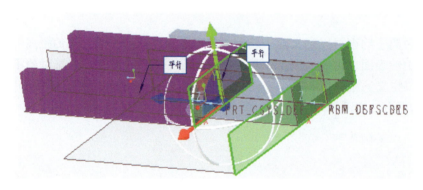

图 6-12 【平行】约束

6.2.5 重合

【重合】约束是 Creo 装配中应用最多的一种约束，可以定义元件参考和装配参考重合，约束的对象可以是实体的顶点、边线和平面，可以是基准特征，还可以是具有中心轴线的旋转面（柱面、锥面、球面等），如图 6-13、图 6-14 所示。

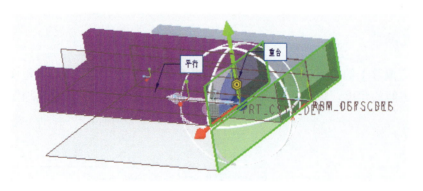

图 6-13 平面【重合】约束

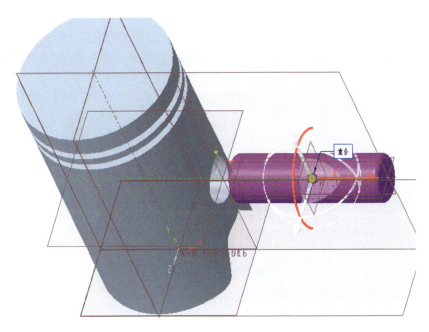

图 6-14 轴线【重合】约束

6.2.6 法向

法向约束可以定义元件参考和装配参考垂直,约束的对象可以是直线或者平面。图 6-15 所示为两平面法向约束。

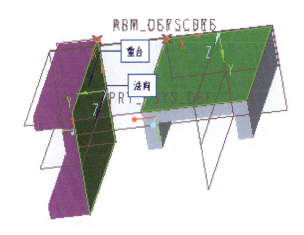

图 6-15 【法向】约束

6.2.7 共面

【共面】约束可以使元件和装配中的两条直线或基准轴处于同一平面,如图 6-16 所示。

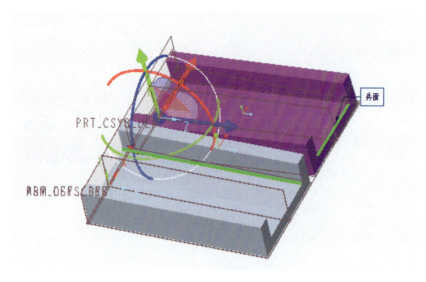

图 6-16 【共面】约束

6.2.8 居中

【居中】约束是指元件参考与装配参考同心,可以控制两坐标系的原点相重合,但各坐标轴不重合,因此两零件可以绕重合的原点进行旋转。当选择两柱面【居中】时,两柱面的中心轴将重合,效果等同于两个轴线重合的约束,如图 6-14 所示。

6.2.9 相切

相切约束是指元件参考与装配参考的两个曲面相切,图 6-17、图 6-18 所示分别为选定的参考和相切约束的效果。

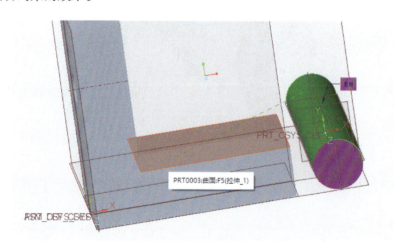

图 6-17 选择相切曲面

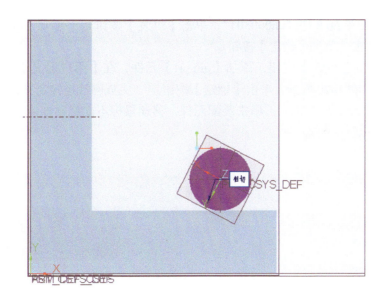

图 6-18 【相切】约束

6.2.10 固定

【固定】约束可以将元件固定在图形区的当前位置。当向装配环境中引入第一个元件时，可以对该元件实施这种约束形式。

6.2.11 默认

【默认】约束可以将元件上的坐标系与装配环境的坐标系重合。当向装配环境中引入第一个元件时，常常对该元件实施这种约束形式。

6.3 连接类型的定义

在 Creo Parametric 9.0 中，元件的放置还有一种装配方式——连接装配。使用连接装配，可以利用 Pro/Mechanism 模块直接执行机构的运动分析与仿真，它使用 6.2 节介绍的各种约束条件来限定零件的运动方式及其自由度。连接类型如图 6-19 所示。

连接类型的意义：
1）定义一个元件在机构中可能具有的自由度。
2）限制主体之间的相对运动，减少系统可能的总自由度。

6.3.1 刚性

刚性是指刚性连接。零件装配处于完全约束状态，自由度为零。

图 6-19 连接类型

示例：

1）新建一个装配文件"ch060301"，单击【组装】按钮，添加【ground.prt】元件，选择【默认】约束，单击【确定】按钮。

2）再次单击【组装】按钮，添加【pin.prt】元件，在【用户定义】下拉列表中选择【刚性】选项，如图 6-20 所示，单击【确定】按钮，完成刚性连接定义，如图 6-21 所示。此时单击【拖动元件】按钮，单击装配元件，移动鼠标不能拖动连接元件，说明刚性连接的自由度为零。

图 6-20　选择【刚性】连接

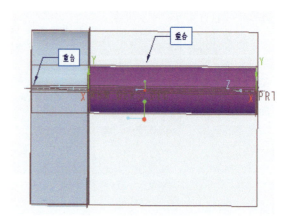

图 6-21　刚性连接

6.3.2　销

销是指销连接，自由度为 1，零件可以绕某一轴旋转。

示例：

1）新建一个装配文件"ch060302，单击【组装】按钮，添加【ground.prt】元件，选择【默认】约束，单击【确定】按钮。

2）再次单击【组装】按钮，添加【pin.prt】元件，在【用户定义】下拉列表中选择【销】选项，如图 6-22 所示，定义连接类型为【销】。

3）单击操控板中的【放置】选项卡，可以看出【销】包含两个基本的预定约束：【轴对齐】和【平移】，如图 6-23 所示。

4）为【轴对齐】选择参考，分别选择图 6-24 所示的两条轴线，所得图形如图 6-25 所示。

5）为【平移】约束选择参考，分别选择两个圆面为参考面，如图 6-26 所示，【约束类型】选择【重合】，所得图形如图 6-27 所示，此时【放置】选项卡如图 6-28 所示。

图 6-22　定义【销】连接

图 6-23 【放置】选项卡（1）

图 6-24 【放置】选项卡（2）

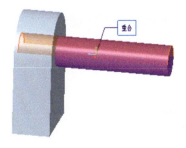

图 6-25 【轴对齐】

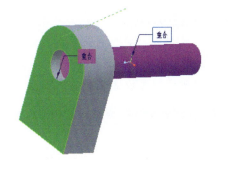

图 6-26 选择参考面

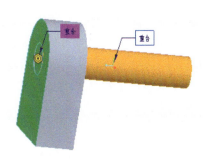

图 6-27 【平移】约束

图 6-28 【放置】选项卡（3）

注意：【平移】的默认约束类型是【重合】，也可以选择【距离】约束，设置一个【偏移】量。

6）定义销旋转的角度。单击【放置】选项卡中第三个约束【旋转轴】，选择【pin.prt】元件的 RIGHT 基准平面和 ASM_TOP 基准平面，如图 6-29 所示，此时的【放置】选项卡如图 6-30 所示。

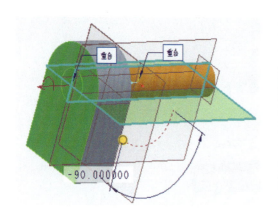

图 6-29 选择旋转平面　　　　　　图 6-30 【放置】选项卡（4）

当前两面的角度位置为"-90.00"，单击【设置零位置】和　>>　按钮，勾选【启用重新生成值】复选框，并选中【最小限制】和【最大限制】复选框，分别将其设为"0"和"180"，单击【完成】按钮✓，完成销连接的定义。此时同时按住 Ctrl 和 Alt 键，并在连接元件上按住鼠标左键拖动鼠标，可以看到销旋转的角度是 0° 和 180°。

注意：设置零位置指把当前的位置设置为 0°；再生值是指再生时元件的位置；最小限制指两面限制的最小夹角；最大限制指两面限制的最大夹角。

第三个【旋转轴】约束可以选择定义，不定义时默认销可以圆周旋转；定义后销只能旋转定义的角度。

6.3.3 滑块

滑块是指滑块连接，自由度为 1，零件可以沿某一轴平移。

示例：

1）新建一个装配文件"ch060303"，单击【组装】按钮，添加【ground.prt】元件，选择【默认】约束，单击【确定】按钮。

2）再次单击【组装】按钮，添加【pin.prt】元件，在【用户定义】下拉列表中选择【滑块】选项，定义连接类型为【滑块】。

3）单击操控板中的【放置】选项卡，可以看出【滑块】包含两个基本的预定约束：【轴对齐】和【旋转】，如图6-31所示。

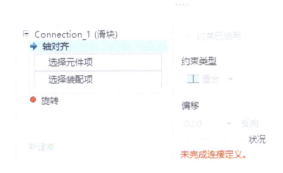

图 6-31 【放置】选项卡（1）

4）为【轴对齐】选择参考，分别选择两条轴线，所得图形如图6-32所示，此时的【放置】选项卡如图6-33所示。

5）为【旋转】约束选择参考，分别选择图6-34中PIN零件的TOP面和GROUND零件的底部曲面两个基准平面为参考面，所得图形如图6-34所示，此时圆柱不能旋转，【放置】下拉面板如图6-35所示。

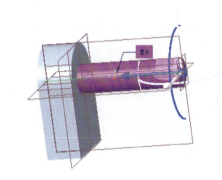

图 6-32 轴对齐

图 6-33 【放置】选项卡（2）

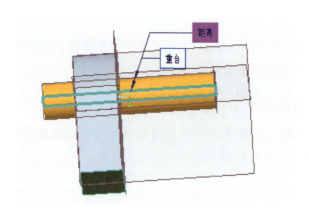

图 6-34 选择【旋转】参考

图 6-35 【放置】选项卡（3）

6）此处可以定义滑块平移的距离，在【放置】选项卡中单击第三个约束【平移轴】，分别选择图 6-36 所示的两个元件的一个平面，然后单击【设置零位置】按钮，将【最小限制】和【最大限制】复选框选中，并分别设为"0"和"100"，此时【放置】选项卡如图 6-37 所示，单击【确定】按钮，完成滑块连接定义。单击【拖动元件】按钮，然后单击圆柱，拖动鼠标即可看到圆柱在一定范围内滑动。

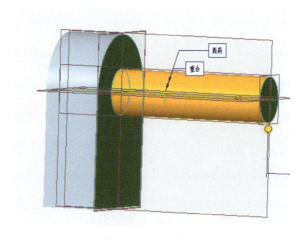

图 6-36 平移参考

第 6 章
零件的装配

图 6-37 【放置】选项卡（4）

注意：第三个【平移轴】约束可以选择定义，不定义时滑块可以无限平移，定义后滑块只能平移指定的距离。

6.3.4 圆柱

圆柱是指圆柱连接，自由度为 2，零件可沿某一轴平移或旋转。

示例：

1）新建一个装配文件"ch060304"，单击【组装】按钮，添加【ground.prt】元件，选择【默认】约束，单击【确定】按钮。

2）再次单击【组装】按钮，添加【pin.prt】元件，在【用户定义】下拉列表中选择【圆柱】选项，定义连接类型为【圆柱】。

3）单击操控板中的【放置】选项卡，可以看出【圆柱】包含一个预定约束：【轴对齐】，如图 6-38 所示，单击【确定】按钮，完成圆柱连接定义。

图 6-38 【放置】选项卡

注意：【放置】选项卡中【旋转轴】与【平移轴】可以设置销的旋转角度和平移距离，设置方法参考 6.3.2 节和 6.3.3 节相关内容。

6.3.5 平面

平面是指平面连接，自由度为2，零件可在某一个平面内自由移动，也可绕该平面的法线方向旋转。该类型需满足【平面】约束关系。

示例：

1）新建一个装配文件"ch060305"，单击【组装】按钮，添加【plane1.prt】元件，选择【默认】约束，单击【确定】按钮。

2）再次单击【组装】按钮，添加【plane2.prt】元件，在【用户定义】下拉列表中选择【平面】选项，定义连接类型为【平面】。

3）为【平面】选择参考，分别选择图 6-39 所示的两个平面，在【放置】选项卡的【约束类型】中选择【重合】约束，所得图形如图 6-40 所示，此时的【放置】选项卡如图 6-41 所示。

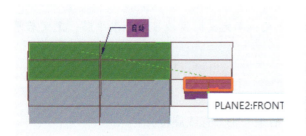

图 6-39　选择参考平面　　　　　　　图 6-40　平面约束

图 6-41　【放置】选项卡

注意：【放置】选项卡中有两个【平移轴】和一个【旋转轴】，分别用于设置平面的平移距离和旋转角度，可以选择定义，方法参考 6.3.2 节、6.3.3 节相关内容。

6.3.6 球

球是指球连接，自由度为3，零件可绕某点自由旋转，但不能进行任何方向的平移。该类型需满足【点对齐】约束关系。

示例：

1）新建一个装配文件"ch060306"，单击【组装】按钮，添加【ball1.prt】元件，选择【默认】约束，单击【确定】按钮。

2）再次单击【组装】按钮，添加【ball2.prt】元件，在【用户定义】下拉列表中选择【球】选项，定义连接类型为【球】。

3）为【球】连接选择参考，分别选择两个点（BALL1：PNT0 和 BALL2：PNT0），在【放置】选项卡的【约束类型】中选择【重合】约束，所得图形如图 6-42 所示，此时的【放置】选项卡如图 6-43 所示。

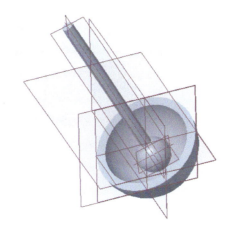

图 6-42　球连接

图 6-43　【放置】选项卡

注意： 若选择顶点在绘图区不方便选取，可在模型树中选取。

6.3.7　焊缝

焊缝是指将两个元件粘接在一起，连接元件和附着元件间没有任何相对运动。它只能是坐标系对齐约束。

示例：

1）新建一个装配文件"ch060307"，单击【组装】按钮，添加【weld1.prt】元件，选择【默认】约束，单击【确定】按钮。

2）再次单击【组装】按钮，添加【weld2.prt】元件，在【用户定义】下拉列表中选择【焊缝】选项，定义连接类型。

3）单击【放置】按钮，选择【坐标系】约束的两个坐标系，分别选择固定元件的两个坐标系，如图 6-44 所示，此时的【放置】选项卡如图 6-45 所示，所得图形如图 6-46 所示。

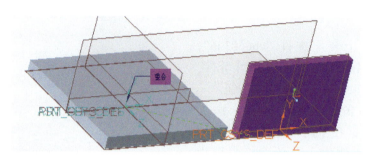

图 6-44 选择坐标系

图 6-45 【放置】选项卡

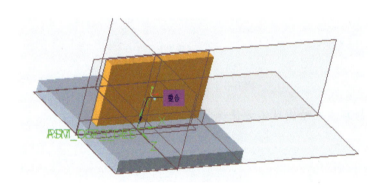

图 6-46 焊缝连接

6.3.8 轴承

轴承连接是球连接和滑块连接的组合，连接元件既可以在约束点上沿任何方向相对于附着元件旋转，也可以沿对齐的轴线移动。

示例：

1）新建一个装配文件"ch060308"，单击【组装】按钮，添加【ball1.prt】元件，选择【默认】约束，单击【确定】按钮。

2）再次单击【组装】按钮，添加【ball2.prt】元件，在【用户定义】下拉列表中选择

【轴承】选项，定义连接类型。

3）在【放置】选项卡选择【点对齐】约束的两个参考，分别选择固定元件上的一根基准轴和连接元件上的一个点，【放置】选项卡如图 6-47 所示，所得图形如图 6-48 所示。

图 6-47 【放置】选项卡

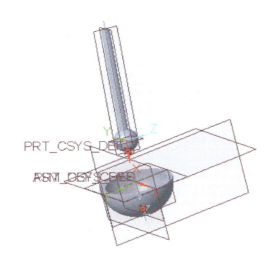

图 6-48 轴承连接

4）单击【确定】按钮，完成轴承连接的定义。拖动连接元件可以看到，它可以在约束点上沿任何方向相对于附着元件旋转，也可以沿对齐的轴线移动。

另有【平移轴】和【圆锥轴】可以设置点在轴上的平移距离和元件的旋转角度，可以选择定义。

6.3.9 槽

槽是指将连接元件上的点约束在凹槽中心的曲线上，从而形成槽连接。

示例：

1）新建一个装配文件"ch060309"，单击【组装】按钮，添加【groove.prt】元件，选择【默认】约束，单击【确定】按钮。

2）再次单击【组装】按钮，添加【ball.prt】元件，在【用户定义】下拉列表中选择

【槽】选项，定义连接类型。

3）单击【放置】按钮，为【直线上的点】选择图 6-49 所示的点和曲线，然后单击【新建集】按钮，接着选择图 6-50 所示的点和曲线，所得图形如图 6-51 所示。

4）单击【确定】按钮，完成槽连接，拖动球可以看到球在凹槽内运动。

注意：选择曲线时要按住 Ctrl 键选择整个曲线。

本例定义两个槽连接是为了不让球绕一点旋转。

【放置】选项卡中的【槽轴】用于定义球在凹槽内的运动范围，可以选择定义。

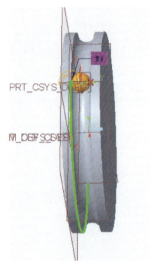

图 6-49　选择点和曲线（1）

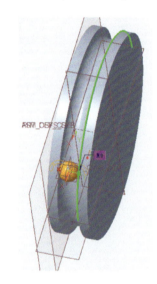

图 6-50　选择点和曲线（2）　　　图 6-51　槽连接

6.4　综合实例——双级减速器的装配

如图 6-52 所示，双级减速器主要由箱体、箱盖、输入轴、输出轴、一对锥齿轮、一对圆柱斜齿轮等组成。为了避免同一个装配中零件繁多、操作不方便，可以将输入、传动、输出部分分别装配后再进行整体装配。

双级减速器装配

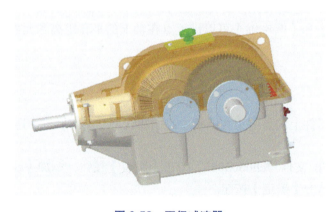

图 6-52　双级减速器

下面介绍装配步骤。

1. 设置工作目录、新建一个装配文件

设置工作目录至Creo 9.0\第六章\第4节，新建一个装配文件，名称为"双级减速器"，注意取消勾选【使用默认模板】选项。

2. 装配箱体及其配件

（1）装配箱体

1）调入模型：单击【模型】选项卡【元件】区域中的【组装】按钮，在【打开】对话框中选中"箱座.prt"，单击【打开】按钮或双击该文件，将箱体模型添加到装配环境中。

2）添加约束：在【放置】选项卡中单击【约束类型】下拉列表，选择 默认 选项。单击操控板【确定】按钮，完成箱体的装配，如图6-53所示。

图6-53 箱座

（2）装配端盖

1）调入模型：单击【模型】选项卡【元件】区域中的【组装】按钮，在【打开】对话框中选中"端盖1.prt"，单击【打开】按钮或双击该文件，将端盖模型添加到装配环境中。

2）添加约束：依次选中图6-54和图6-55所示的参考（一对中心轴、一对孔中心轴和一对端面）作为匹配对象分别进行约束，【约束类型】均为【重合】，如果方向不对，可通过单击【放置】选项卡中的【反向】按钮调整。

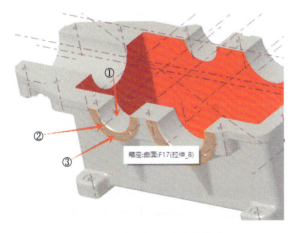

图6-54 箱体模型的约束参考

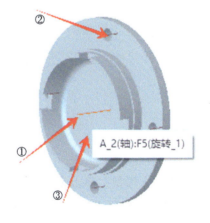

图6-55 端盖模型的约束参考

3）单击【元件放置】操控板上的【确定】按钮，完成端盖1的装配，如图6-56所示。

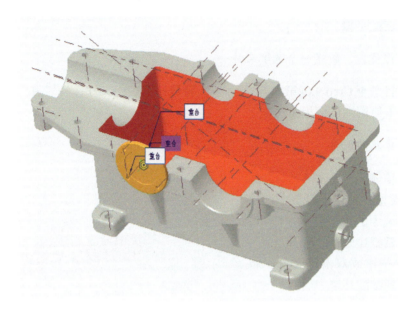

图 6-56 装配端盖

4)按同样的方式一次装配其余三个端盖,结果如图 6-57 所示。其中端盖 2 为端盖 1 的对侧端盖,端盖 3 为无孔大端盖,端盖 4 为有孔大端盖。

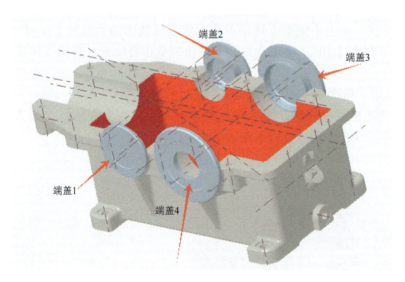

图 6-57 装配端盖 2~4

(3)装配油标

1)调入模型:单击【模型】选项卡【元件】区域中的【组装】按钮,在【打开】对话框中选中"油标.prt",单击【打开】按钮或双击该文件,将油标模型添加到装配环境中。

2)添加约束:依次选中图 6-58 和图 6-59 所示的参考(一对中心轴和一对端面)作为匹配对象分别进行约束,【约束类型】均为【重合】,如果方向不对,可通过单击【放置】选项卡中的【反向】按钮调整,结果如图 6-60 所示。

第 6 章
零件的装配

图 6-58　油标模型的约束参考

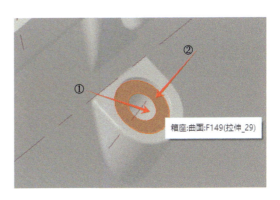

图 6-59　装配模型的约束参考

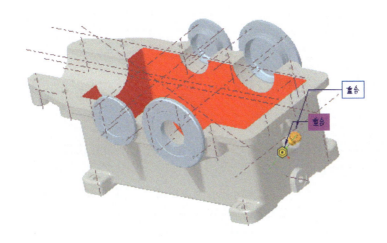

图 6-60　装配油标的模型

（4）装配油塞

1）调入模型：单击【模型】选项卡【元件】区域中的【组装】按钮，在【打开】对话框中选中"油塞.prt"，单击【打开】按钮或双击该文件，将油塞模型添加到装配环境中。

2）添加约束：依次选中图 6-61 和图 6-62 所示的参考（一对中心轴和一对端面）作为匹配对象分别进行约束，【约束类型】均为【重合】，如果方向不对，可通过单击【放置】选项卡中的【反向】按钮调整，结果如图 6-63 所示。

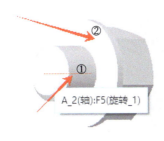

图 6-61　油塞模型的约束参考

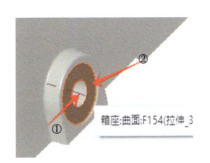

图 6-62　装配模型的约束参考

131

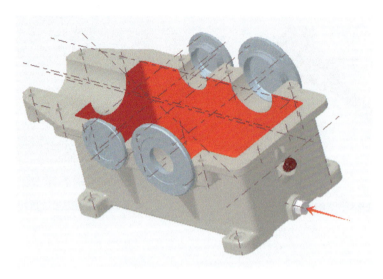

图 6-63 装配油塞

单击【保存】按钮,保存当前装配。

3. 装配输入部件

1)新建文件,取名为"输入部件",注意取消勾选【使用默认模板】选项。

2)装配输入轴(轴1)。

① 调入模型:单击【模型】选项卡【元件】区域中的【组装】按钮,在【打开】对话框中选中"轴1.prt",单击【打开】按钮或双击该文件,将输入轴模型添加到装配环境中。

② 添加约束:在【放置】选项卡中单击【约束类型】下拉列表,选择【固定】选项 。单击操控板【确定】按钮,完成输入轴的放置。

3)装配挡油圈1。

① 调入模型:单击【模型】选项卡【元件】区域中的【组装】按钮,在【打开】对话框中选中"挡油圈1.prt",单击【打开】按钮或双击该文件,将挡油圈1模型添加到装配环境中。

② 添加约束:依次选中图 6-64 和图 6-65 所示的参考(一对中心轴和一对端面)作为匹配对象分别进行约束,【约束类型】均为【重合】,如果方向不对,可通过单击【放置】选项卡中的【反向】按钮调整。单击【确定】按钮,完成挡油圈1的装配,结果如图 6-66 所示。

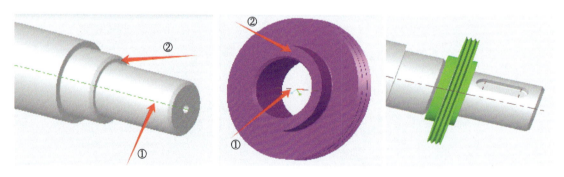

图 6-64 已装配模型上的约束参考 图 6-65 挡油圈1上的约束参考 图 6-66 装配挡油圈1

4）装配键1。

① 调入模型：单击【模型】选项卡【元件】区域中的【组装】按钮，在【打开】对话框中选中"键1.prt"，单击【打开】按钮或双击该文件，将键1模型添加到装配环境中。

② 添加约束：依次选中图6-67和图6-68所示的参考（两对圆弧面和一对平面）作为匹配对象分别进行约束，【约束类型】均为【重合】，如果方向不对，可通过单击【放置】选项卡中的【反向】按钮调整。单击【确定】按钮，完成键1的装配，结果如图6-69所示。

图 6-67　已装配模型上的约束参考

图 6-68　键1上的约束参考

5）装配主动锥齿轮（小锥齿轮）。

① 调入模型：单击【模型】选项卡【元件】区域中的【组装】按钮，在【打开】对话框中选中"小锥齿轮.prt"，单击【打开】按钮或双击该文件，将主动锥齿轮模型添加到装配环境中。

② 添加约束：依次选中图6-70和图6-71所示的参考（一对中心轴、一对端面和键平面）作为匹配对象分别进行约束，【约束类型】均为【重合】，如果方向不对，可通过单击【放置】选项卡中的【反向】按钮调整。单击【确定】按钮，完成主动锥齿轮的装配，结果如图6-72所示。

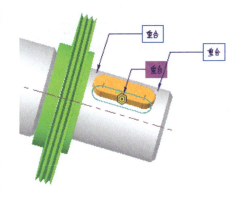

图 6-69　装配键1

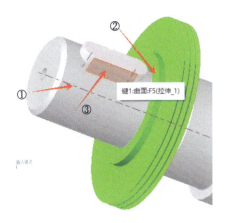

图 6-70　已装配模型上的约束参考

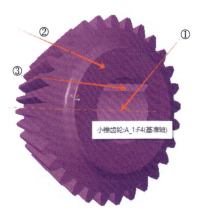

图 6-71　小锥齿轮上的约束参考

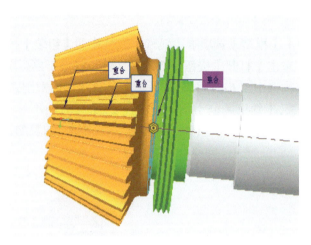

图 6-72 装配小锥齿轮

6)装配挡圈。

① 调入模型:单击【模型】选项卡【元件】区域中的【组装】按钮,在【打开】对话框中选中"挡圈.prt",单击【打开】按钮或双击该文件,将挡圈模型添加到装配环境中。

② 添加约束:依次选中图 6-73 和图 6-74 所示的参考(一对中心轴、一对端面)作为匹配对象分别进行约束,【约束类型】均为【重合】,如果方向不对,可通过单击【放置】选项卡中的【反向】按钮调整。单击【确定】按钮,完成挡圈的装配,结果如图 6-75 所示。

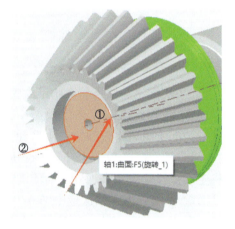

图 6-73 已装配模型上的约束参考

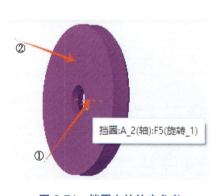

图 6-74 挡圈上的约束参考

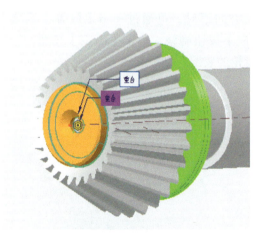

图 6-75 装配挡圈

7)装配挡圈螺钉。

① 调入模型:单击【模型】选项卡【元件】区域中的【组装】按钮,在【打开】对话

框中选中"挡圈螺钉.prt",单击【打开】按钮或双击该文件,将挡圈螺钉模型添加到装配环境中。

② 添加约束:依次选中图6-76和图6-77所示的参考(一对中心轴、一对端面)作为匹配对象分别进行约束,【约束类型】均为【重合】,如果方向不对,可通过单击【放置】选项卡中的【反向】按钮调整。单击【确定】按钮,完成挡圈螺钉的装配,结果如图6-78所示。

8)装配轴承1。

① 调入模型:单击【模型】选项卡【元件】区域中的【组装】按钮,在【打开】对话框中选中"轴承1.prt",单击【打开】按钮或双击该文件,将轴承模型添加到装配环境中。

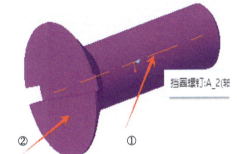

图6-76 挡圈螺钉上的约束参考

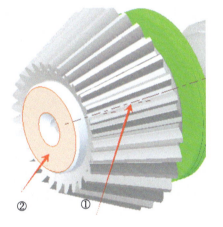

图6-77 已装配模型上的约束参考

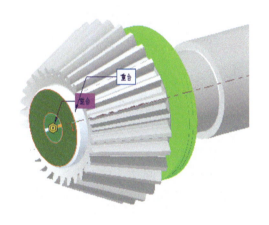

图6-78 装配挡圈螺钉

② 添加约束:依次选中图6-79和图6-80所示的参考(一对中心轴、一对端面)作为匹配对象分别进行约束,【约束类型】均为【重合】,如果方向不对,可通过单击【放置】选项卡中的【反向】按钮调整。单击【确定】按钮,完成轴承的装配,结果如图6-81所示。

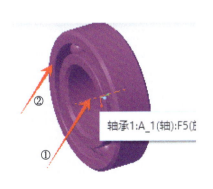

图6-79 轴承上的约束参考

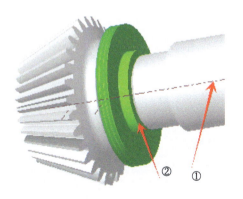

图6-80 已装配模型上的约束参考

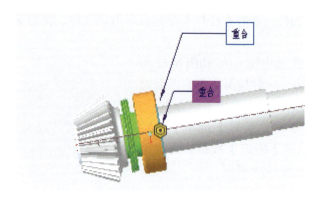

图 6-81 装配轴承 1

③ 装配另一个轴承,用同样的方法在轴的另一端装配轴承,如图 6-82 所示。

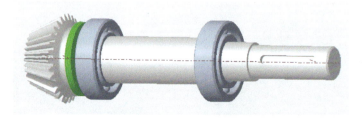

图 6-82 装配另一端轴承

9)装配套筒。

① 调入模型:单击【模型】选项卡【元件】区域中的【组装】按钮,在【打开】对话框中选中"套筒.prt",单击【打开】按钮或双击该文件,将套筒模型添加到装配环境中。

② 添加约束:依次选中图 6-83 和图 6-84 所示的参考(一对中心轴和套筒小端内侧端面与轴承端面)作为匹配对象分别进行约束,【约束类型】均为【重合】,如果方向不对,可通过单击【放置】选项卡中的【反向】按钮调整。单击【确定】按钮,完成套筒的装配,结果如图 6-85 所示。

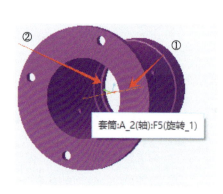

图 6-83 套筒上的约束参考

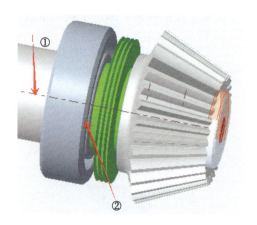

图 6-84 已装配模型上的约束参考

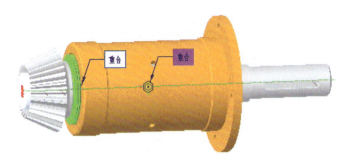

图 6-85 装配套筒

10)单击【保存】按钮,保存当前装配。

4. 装配传动部件

1)新建文件,名为"传动部件",取消勾选【使用默认模板】选项。

2)装配中间轴(轴2)。单击【组装】按钮,调入"轴2.prt",【约束类型】选择【固定】选项。单击【确定】按钮,完成轴2的放置。

3)装配键2。参照"装配键1"的方法装配键2,结果如图6-86所示。

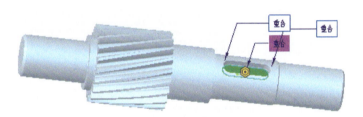

图 6-86 装配键 2

4)装配从动锥齿轮(大锥齿轮)。单击【组装】按钮,调入"大锥齿轮.prt"。依次选中图6-87和图6-88所示的参考(一对中心轴、一对端面和键槽与键平面)作为匹配对象分别进行约束,【约束类型】均为【重合】,如果方向不对,可通过单击【放置】选项卡中的【反向】按钮调整。单击【确定】按钮,完成大锥齿轮的装配,结果如图6-89所示。

图 6-87 大锥齿轮上的约束参考

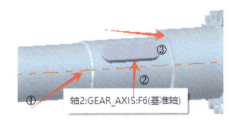

图 6-88 已装配模型上的约束参考

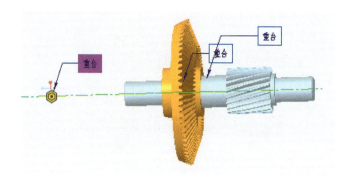

图 6-89 装配大锥齿轮

5）装配两端挡油圈 2。参照"装配挡油圈 1"的方法装配两端的挡油圈 2，结果如图 6-90 所示。

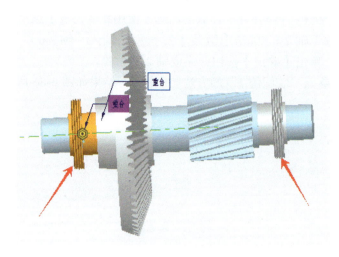

图 6-90 装配挡油圈 2

6）装配两端轴承 2。参照"装配轴承 1"的方法装配两端的轴承 2，结果如图 6-91 所示。

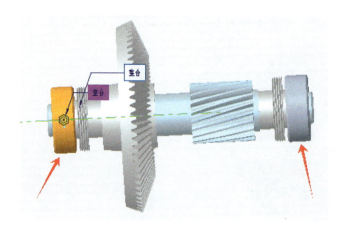

图 6-91 装配两端轴承 2

7)单击【保存】按钮,保存当前装配。

5. 装配输出部件

1)新建文件,名为"输出部件",取消勾选【使用默认模板】选项。

2)装配输出轴(轴3)。单击【组装】按钮,调入"轴3.prt",【约束类型】选择【固定】选项。单击【确定】按钮,完成轴3的放置。

3)装配键3。参照"装配键1"的方式装配键3,结果如图6-92所示。

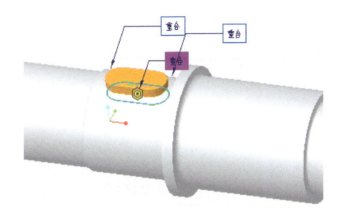

图6-92 装配键3

4)装配斜齿轮。参照"装配小锥齿轮"的方式装配斜齿轮,结果如图6-93所示。

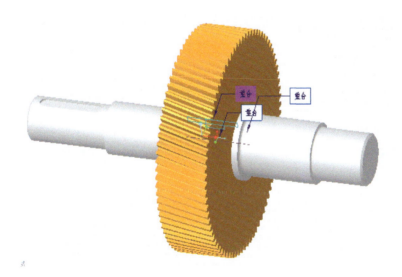

图6-93 装配斜齿轮

5)装配两端挡油圈3和轴承3。参照"装配挡油圈1"和"装配轴承1"的方式装配两端挡油圈3和轴承3,结果如图6-94所示。

6)单击【保存】按钮,保存当前装配。

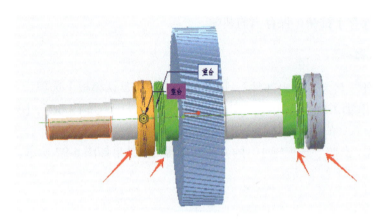

图6-94 装配两端挡油圈3和轴承3

6.总装配

1)打开"双级减速器.asm"。

2)装配"输入部件"。调入"输入部件.asm",依次选中图6-95和图6-96中指定的参考(两对中心轴和一对端面)作为匹配对象进行约束,【约束类型】为【重合】,如果方向不对,可通过单击【放置】选项卡中的【反向】按钮调整。单击【确定】按钮,完成输入部件的装配,结果如图6-97所示。

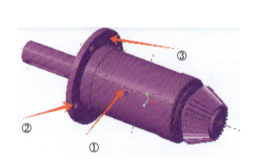

图6-95 输入部件上的约束参考

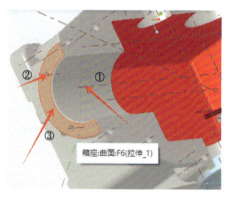

图6-96 已装配模型上的约束参考

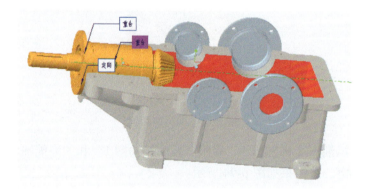

图6-97 装配输入部件

3）装配传动部件。调入"传动部件.asm",依次选中图6-98和图6-99中指定的参考（一对中心轴和一对端面）作为匹配对象进行约束,中心轴【约束类型】为【重合】,端面【约束类型】为【距离】,距离值设为 –26,如果方向不对,可通过单击【放置】选项卡中的【反向】按钮调整。单击【确定】按钮,完成传动部件的装配,结果如图6-100所示。

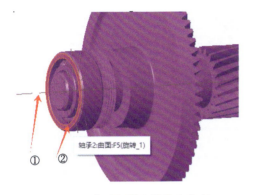

图6-98 传动部件上的约束参考

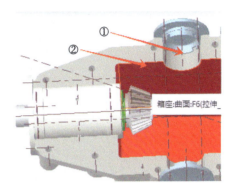

图6-99 已装配模型上的约束参考

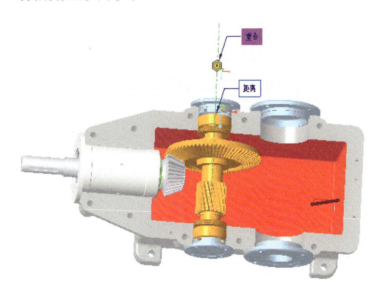

图6-100 装配传动部件

4）装配输出部件。调入"输出部件.asm",依次选中一对中心轴和一对端面作为匹配对象进行约束,中心轴【约束类型】为【重合】,端面【约束类型】为【距离】,距离值设为 –32,如果方向不对,可通过单击【放置】选项卡中的【反向】按钮调整。单击【确定】按钮,完成输出部件的装配,结果如图6-101所示。

5）装配箱盖。单击【组装】按钮,调入"箱盖.prt"。依次选中三对平面或两对中心轴和一对平面作为匹配对象进行约束,【约束类型】均为【重合】。单击【确定】按钮,完成箱盖的装配,如图6-102所示。

6）装配视孔盖。调入"视孔盖.prt",依次选中两对孔轴线和视孔盖底面与箱盖顶面为匹配对象进行约束,【约束类型】为【重合】。单击【确定】按钮,完成视孔盖的装配。

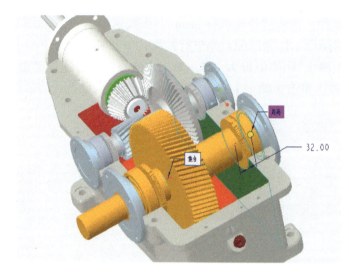

图 6-101 装配输出部件

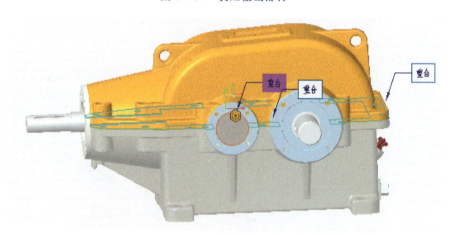

图 6-102 装配箱盖

7）装配通气帽。以通气帽中心轴和下部台阶面为参考装配到视孔盖上，结果如图 6-103 所示。

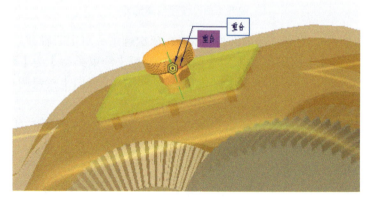

图 6-103 装配视孔盖和通气帽

8）装配箱体螺栓和螺母。以螺栓和螺母的中心轴和端面为参考装配各部位的螺栓和螺母，如图 6-104 所示。

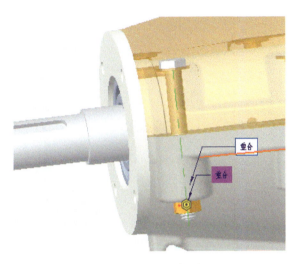

图 6-104　装配螺栓和螺母

9）装配视孔盖螺钉。以螺钉中心轴和端面为参考装配一个螺钉，如图 6-105 所示，其余螺钉可采用阵列方式装配。

10）装配端盖螺钉。以螺钉中心轴和端面为参考装配一个螺钉，如图 6-106 所示，其余螺钉可采用阵列方式装配。

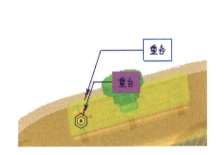

图 6-105　装配视孔盖螺钉

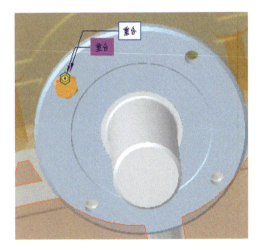

图 6-106　装配端盖螺钉

11）单击【保存】按钮，完成"双级减速器"总装配文件。

练 习 题

1. 进行图 6-107 所示的活塞连杆组的装配，分解图如图 6-108 所示。

活塞连杆组装配

图 6-107 装配图　　　　图 6-108 分解图

2. 进行图 6-109 所示的十字轴万向节的装配，分解图如图 6-110 所示。

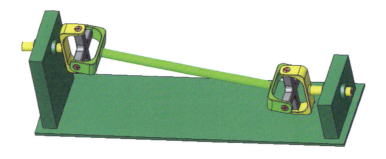

图 6-109 十字轴万向节装配图

十字轴万向节连接

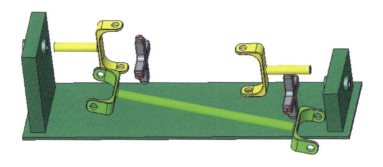

图 6-110 十字轴万向节分解图

第7章 工 程 图

☞ **学习目标：**

内容	掌握程度	建议课时
工程图环境设置	★★★	0.5
工作界面	★★★	0.5
工程图视图	★★★★★	4
工程图标注	★★★★★	2
格式	★★★★	1
实例操作	★★★★	2

☞ **学习建议：**

本章主要任务是通过学习系统掌握由三维模型直接生成二维工程图的方法，并实现根据工程图和三维模型的关联性自动生成标题栏信息、明细表清单等功能，有效提高出图的效率，节省产品研发成本，系统掌握工程图环境配置方法、工程视图绘制、尺寸标注，并能够根据需求灵活制定制图格式。

☞ **思维导图：**

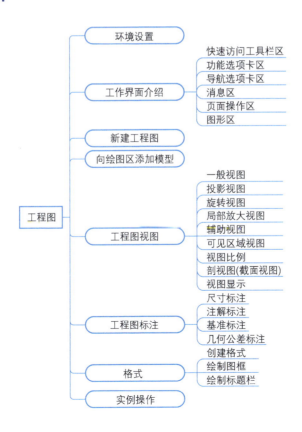

7.1　工程图环境设置

我国国标（GB 标准）对工程图的图幅大小、尺寸文本的方位和字高、尺寸箭头大小等都做了明确详细的规定。Creo 软件工程图的格式和界面不仅受 Config.pro 的控制，还受 *.dtl 文件的控制。

Creo 软件的工程图包括两种工程图配置文件：drawing.dtl 和 format.dtl。其中 drawing.dtl 是工程图主配置文件，该配置文件在工程图环境中主要设置尺寸高度、注释文本、文本定向、几何公差标准、字型属性、草绘标准、箭头长度和样式等工程图属性；而 format.dtl 属于格式配置文件，用来在格式环境中设置工程图格式文件的相关属性。

在 Creo 软件的安装路径 D:\Program Files\PTC\Creo 10.0.0.0\Common Files\creo_standards\draw_standards 文件夹下，系统自带了 asme.dtl（美国机械工程师学会）、cns_cn.dtl（中国）、iso.dtl（国际标准化组织）、jis.dtl（日本标准协会）、din.dtl（德国标准协会）等配置文件（包括英制单位和米制单位），可以在配置选项 drawing_setup_file 中进行指定，为在 Creo Parametric 会话中创建的所有绘图建立默认细节选项。iso.dtl 格式最为接近我国的国标，可以以此作为默认选项，根据实际需要进行修改。

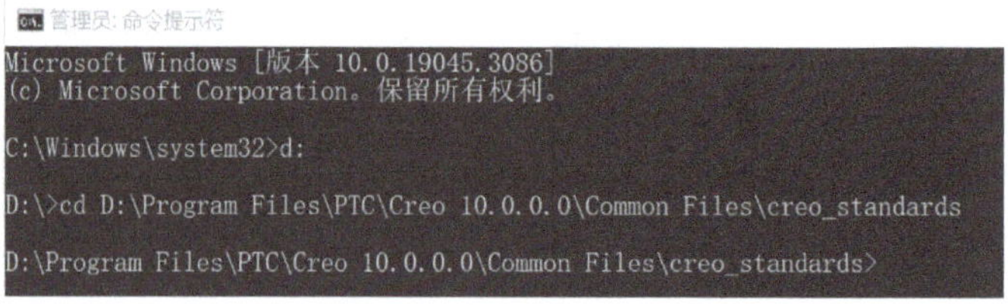

Creo 软件中提供了批处理命令，可以自动修改相关配置，此程序位于 D:\Program Files\PTC\Creo 10.0.0.0\Common Files\creo_standards 文件夹中（具体路径和版本号依据具体情况确定），名称为 configure.bat。具体操作步骤如下：

1）用管理员模式运行 cmd，切换到软件安装路径；操作如图 7-1 所示。

工程图环境设置

```
管理员: 命令提示符
Microsoft Windows [版本 10.0.19045.3086]
(c) Microsoft Corporation。保留所有权利。

C:\Windows\system32>d:

D:\>cd D:\Program Files\PTC\Creo 10.0.0.0\Common Files\creo_standards

D:\Program Files\PTC\Creo 10.0.0.0\Common Files\creo_standards>
```

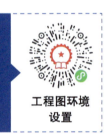

图 7-1　命令窗口

2）输入并运行命令 configure.bat，弹出的对话框如图 7-2 所示，然后输入 5，按 Enter 键。

```
管理员: 命令提示符 - configure.bat

Choose the drawing standard and unit system you want Creo to use:

1 - ASME drawings with INLBS unit system
2 - ASME drawings with MMKS unit system
3 - AS1100 drawings (3rd Angle) with MMKS unit system
4 - BS8888 drawings with MMKS unit system
5 - ISO drawings (1st Angle) with MMKS unit system
6 - ISO drawings (3rd Angle) with MMKS unit system
7 - Default Creo 'metric' configuration (Use this for PTC University courses)
8 - Default Creo 'english' configuration
9 - Cancel

Type the number and press ENTER:
```

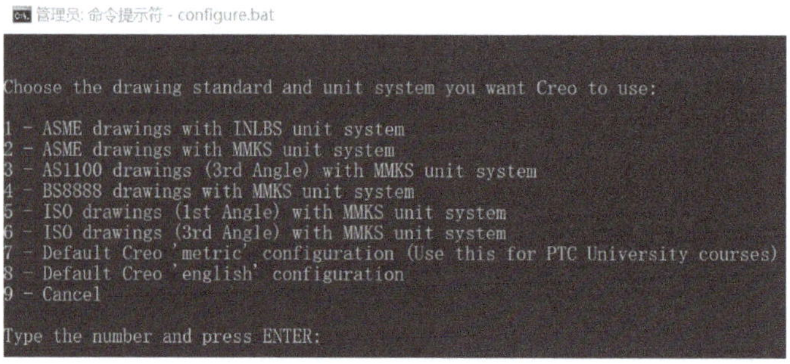

图 7-2　命令对话框

3）打开 Creo 软件，依次单击【文件】→【选项】→【配置编辑器】进行查看，如图 7-3 所示。

图 7-3　工程图配置选项

以上操作实际上是配置了 config.pro 文件，用户也可以直接修改 config.pro 文件，设置 drawing_setup_file 指向 *.dtl 文件。为了更好地掌握配置参数，可以详细阅读图 7-3 右侧的说明，配置参数需根据具体需要进行修改。

在工程图界面中单击【文件】→【准备 (R)】→【绘图属性(I)绘图属性】，系统弹出绘图属性对话框，单击【细节选项】的【更改】，具体操作如图 7-4 所示，系统弹出【选项】对话框，如图 7-5 所示，里面参数的设置读取自 config.pro 中所设置的 drawing_setup_file 指向的 *.dtl 文件。用户可以对里面的参数进行修改，也可以通过查找参数快速进行设置和修改，设置完成后一定不要忘记保存，亦可另存在工作目录文件夹下。

图 7-4　绘图属性修改操作流程

Creo 汽车零部件三维设计教程

图 7-5 dtl 选项对话框

7.2 工作界面介绍

Creo 软件的配置文件设置完毕后，接下来认识一下工程图模块的工作界面。为了提高工作效率，在桌面单击 Creo Parametric 的软件图标，然后右键单击【属性】，系统弹出属性对话框，如图 7-6 所示，修改起始位置，设置为工作目录。双击 Creo Parametric 的软件图标，启动 Creo 软件，软件启动后，单击左上角【新建】按钮，系统弹出【新建】对话框，如图 7-7 所示，选择【绘图】选项，修改文件名，取消勾选【使用默认模板】，单击【确定】按钮，系统弹出【新建绘图】对话框，再次单击【确定】按钮，系统弹出图 7-8 所示的工作界面。Creo 工程图的工作界面包括快速访问工具栏区、功能选项卡区、导航选项卡区、消息区、页面操作区、图形区和智能选取栏等。

图 7-6 起始路径设置

图 7-7 新建对话框

148

第 7 章
工　程　图

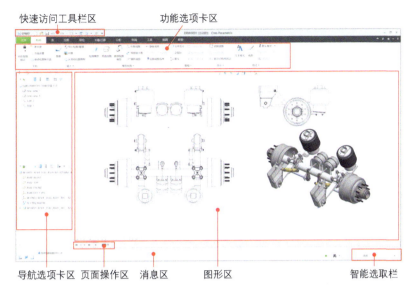

图 7-8　工程图工作界面

7.2.1　快速访问工具栏区

快速访问工具栏中的命令按钮为快速进入命令提供了极大的方便。用户可以根据自己具体需求定制工具栏，具体操作如下：

1）单击倒三角图标 ▼ 。
2）在弹出的菜单中单击 更多命令(M)... 。
3）系统弹出【Creo Parametric 选项】对话框，单击【自定义】下方的【快速访问工具栏】，通过【➡】和【⬅】对命令进行选择和放弃，通过【⬆】和【⬇】对命令进行排序，通过下方的【导出】和【导入】对配置选项进行导出保存和导入外部的配置文件，如图 7-9 所示。

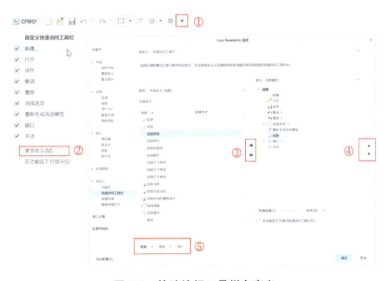

图 7-9　快速访问工具栏自定义

149

7.2.2 功能选项卡区

功能选项卡包括的内容最多,是实际操作过程中应用最多的区域。在创建或编辑某个工程图元素时,必须先进入相应的功能选项卡进行操作。

1. 布局选项卡

布局选项卡如图 7-10 所示。【布局】选项卡中的命令主要是用来设置绘图模型、模型视图的放置以及视图的线型显示等。

图 7-10 布局选项卡

2. 表选项卡

【表】选项卡中的命令主要是用来在工程图中创建、编辑表格等,如图 7-11 所示。

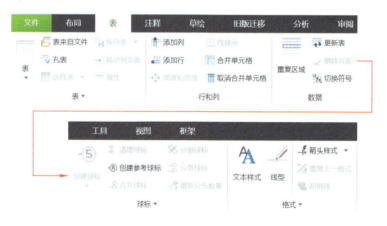

图 7-11 表选项卡

3. 注释选项卡

【注释】选项卡中的命令主要是用来添加尺寸及文本注释等,如图 7-12 所示。

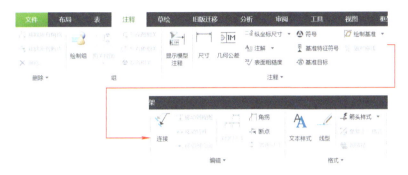

图 7-12 注释选项卡

4.草绘选项卡

【草绘】选项卡中的命令主要是用来在工程图中绘制及编辑所需要的视图等,如图7-13所示。

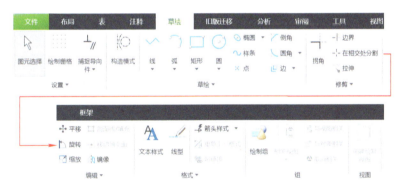

图 7-13 草绘选项卡

5.旧版迁移选项卡

【旧版迁移】选项卡中的命令主要是用来向工程图中添加模型、创建 2D 视图、匹配视图、定向视图、创建符号等,如图 7-14 所示。

图 7-14 旧版迁移选项卡

6. 分析选项卡

【分析】选项卡中的命令主要是用来对所创建的工程图视图进行分析、测量等，如图 7-15 所示。

图 7-15　分析选项卡

7. 审阅选项卡

【审阅】选项卡中的命令主要是用来对所创建的工程图视图进行审阅、检查等，如图 7-16 所示。

图 7-16　审阅选项卡

8. 工具选项卡

【工具】选项卡中的命令主要是用来对工程图进行打印及对工程图视图格式进行转换等操作，如图 7-17 所示。

图 7-17　工具选项卡

9. 视图选项卡

【视图】选项卡中的命令主要是用来对所创建的工程图视图进行放大和缩小，对视图进行查看，还可以进行窗口操作，如图 7-18 所示。

图 7-18 视图选项卡

10. 框架选项卡

【框架】选项卡中的命令主要是用来辅助创建视图、尺寸和表格等，如图 7-19 所示。

图 7-19 框架选项卡

7.2.3 导航选项卡区

导航选项卡包括两个选项：导航树、文件夹浏览器。

导航树分为绘图树和模型树两个区域。绘图树是活动绘图中绘图项的结构化列表。可选择绘图树中列出的项并使用右键快捷菜单或工具栏对其进行操作。绘图树表示绘图项的显示状况，以及绘图项与绘图的活动模型之间的关系。绘图树在"细节"和"格式"模式中可见。但是，在"布局""报告""标记"和"布线图"模式中不可用。默认情况下，在主窗口的导航区中，绘图树显示在模型树的上方。绘图树和模型树都可以展开或折叠。可通过拖动位于这两个树之间的分隔栏来增大或减小绘图树或模型树的高度。

在绘图树中选择绘图项时，它会成为选择集的一部分，并且该项会在绘图页面中突出显示。如果选定项有对应的模型项，则该模型项会在模型树中显示为选择。如果在绘图树中选择绘制图元节点，则该节点表示的所有绘制图元将显示为选择。

文件夹浏览器类似于 Windows 的资源管理器，用于浏览文件。

7.2.4 消息区

在操作软件的过程中，消息区将显示相关的提示信息，用户可按照系统的提示进行各种操作。消息区有一个可见的边线，将其与图形区分开，若要增加或减少可见消息行的数量，可将鼠标指针置于边线上，按住鼠标左键，同时将鼠标指针移动到所期望的位置。

7.2.5 页面操作区

页面操作区位于图形区的下部。有些情况下为详尽地表达图样信息，一张工程图要由多张页面组成，每个页面可相互独立地表达工程图中的部分内容。在该区域中，可以根据实际需要，添加新的页面，还可以自由地切换页面。

7.2.6 图形区

绘制工程图的区域为图形区，该区域为平面区域，用来显示投影视图、尺寸标注、标题栏和技术参数信息等。

7.3 新建工程图

开始新的绘图时，一般需要先指定放置绘制视图的 3D 模型，具体操作流程如图 7-20 所示。

1）单击【文件】→【新建】命令。打开【新建】对话框。

2）选中【绘图】选项，并在【文件名】框中输入名称或使用默认名称。单击【确定】按钮。【新建绘图】对话框打开。

3）在【默认模型】框中，将模型名称输入工作目录中。如果从打开的 3D 文件中开始新建文件，将默认显示该文件名。选定模型即被设置为当前绘图模型。

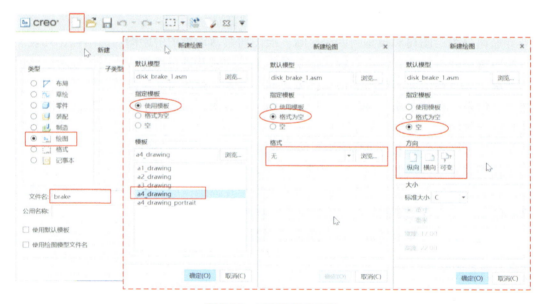

图 7-20 工程图操作流程

4）在【指定模板】下，执行下列操作之一：

① 要使用绘图模板，可单击【使用模板】，然后从列表中选择模板。

② 不用模板而用现有格式创建绘图，可选中【格式为空】选项。在【格式】下指定要使用的格式。

③ 指定绘图尺寸或检索格式。要指定尺寸，可执行以下操作之一：单击【方向】框中

的【纵向】或【横向】选项，然后从【标准大小】列表中选择标准尺寸。或者，单击【方向】对话框中的【可变】选项来定义高度和宽度尺寸。选择【英寸】或【毫米】，并在【宽度】和【高度】框中输入值。

要检索格式，可选择【检索格式】选项，然后从【格式】框的【名称】列表中选择名称。

5）单击【确定】按钮，将打开新绘图。

① 如果用来创建绘图的零件具有简化表示，则会打开【打开表示】对话框。选择所需表示并单击【确定】按钮，将使用选定表示（其被设置为绘图模型的当前表示）创建新绘图。

② 如果使用默认模板来创建具有简化表示的零件的绘图，将使用默认表示来创建绘图。【打开表示】对话框仅在创建新的空绘图时才会打开。

③ 如果模型具有多个使用族表定义的实例，则系统会提示从【选择实例】对话框中选取一个实例，然后再使用【打开表示】对话框选择表示。

7.4 向工程图中添加模型

如果在工程图绘制之前没有打开过三维模型，在图 7-20 所示的【默认模型】处会显示【空】，用户可以通过向工程图中添加模型的方法，将三维模型与工程图进行关联，操作步骤如图 7-21 所示。

1）在【布局】选项卡中单击 ，系统弹出菜单管理器。

2）在菜单管理器中单击【添加模型】选项，系统弹出选择模型的对话框，单击并选择三维模型，然后单击【打开】按钮。

3）在菜单管理器中单击【完成/返回】按钮，模型添加完成。

图 7-21　添加模型操作步骤

7.5 工程图视图

工程图中最主要的组成部分就是视图，工程图用视图来表达零件的形状与结构，复杂零件又需要由多个视图来共同表达才能看得清楚、明白。在机械制图里，视图被细分为许多种类，有投影视图（主、左、右、俯、仰视图）和轴测图；有剖视图、破断视图和分解视图；有全视图、半视图、局部视图和辅助视图；有旋转视图、移出剖面和多模型视图等。各类视图的组合又可以得到更多的视图类型。

7.5.1 一般视图

在工程图中放置的第一个视图称为一般视图，一般视图常被用作主视图，根据一般视图可以创建辅助视图、轴测视图、左视图和俯视图等视图。在工程图的创建过程中，读者在任意时刻都可以创建一般视图，并且和其他视图没有位置关联，允许读者灵活运用和操作。一般视图创建选择为零件的默认工作形态视角，当然也可以根据实际要求创建。创建的时候，在系统中已经有前后、左右、上下以及轴测视图方向可供选择，读者还可以通过自己创建的一个视角来选择，或者通过角度调整视图角度。操作流程如图 7-22 所示，操作步骤如下：

1）选择【布局】选项卡，在【模型视图】中单击 ，系统弹出【选择组合状态】对话框，选择【无组合状态】选项，单击【确定】按钮。

2）在消息区会提示【选择绘图视图的中心点】，在图形区单击鼠标左键，系统弹出【绘图视图】对话框。

3）在【绘图视图】对话框中，将【视图名称】修改为【主视图】。

4）在【视图方向】选项中，【选择定向方法】选择默认的【模型中视图的名称】选项；选择【模型视图名】为【RIGHT】，单击【应用】→【确定】按钮，在图形区绘制出主视图。

在实际应用中，需要根据实际情况来确定视图的方向，选择定向方法包括三种。

方法一：模型中视图的名称

使用来自模型的已保存视图来定向视图。从【模型视图名】列表中选择相应的模型视图。在创建视图时，如果已经选择一个组合状态，则在选定组合中的已命名方向将保留在【模型视图名】列表中。如果该命名视图被更改，则组合状态将不再列出。通过选择所需的【默认方向】定义 X 和 Y 方向。可以选择【等轴测】【斜轴测】或【用户定义】选项。对于【用户定义】选项，必须指定自定义角度值。

方法二：几何参考

使用来自绘图中预览模型的几何参考对视图进行定向。选择方向以定向来自于当前所定义参考列表中的参考。此列表提供几个选项，包括【前面】【后面】【顶部】和【底部】。在绘图中预览的模型上选择所需参考。模型根据定义的方向和选定的参考重定位。通过从方向列表中选择其他方向可更改此方向。通过单击参考收集器并在绘图模型上选择新参考可更改选定参考。要将视图恢复为其原始方向，可单击【默认方向】。具体选项如图 7-23 所示。

第 7 章
工 程 图

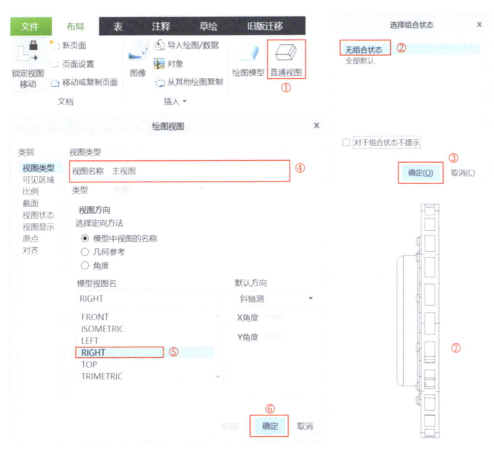

图 7-22　一般视图操作流程

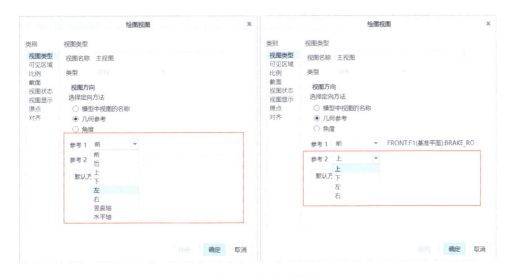

图 7-23　几何参考选项

方法三：角度

使用选定参考的角度或自定义角度对视图进行定向。【参考角度】表列出了用于定向视图的参考。默认情况下，将新参考添加到列表中并突出显示。针对表中突出显示的参考，从【旋转参考】框中选择所需的选项：法向是指绕通过视图原点并法向于绘图页面的轴旋转模型；竖直是指绕通过视图原点并竖直于绘图页面的轴旋转模型；水平是指绕通过视图原点并与绘图页面保持水平的轴旋转模型。边/轴是指绕通过视图原点并根据与绘图页面所成指定角度的轴旋转模型。在预览的绘图视图上选择适当的边或轴参考。选定参考被突出显示，并在【参考角度】表中列出。在【角度值】框中输入参考的角度值。具体选项如图7-24所示。

7.5.2 投影视图

工程制图有主视图、俯视图、左视图之分，无论是第三视角或者第一视角制图，除了主视图之外，俯视图或者仰视图、左视图或者右视图都是投影视图。控制第一视角或者第三视角绘图的配置选项为projection_type，有first_angle和third_angle两个选项值，分别表示第一视角绘图和第三视角绘图，这

图7-24 角度选项

个已经在dtl格式配置文件中修改过了，选择了第一视角，如图7-25所示。

一般视图和投影视图

图7-25 投影视角参数设置

建立好投影视图标准配置以后，通过左键选择一个视图作为父视图，选中之后再单击右键，在右键菜单中选择插入投影视图，再拉出投影视图，这样投影视图和父视图保持关联。也可以按照图7-26所示进行操作。

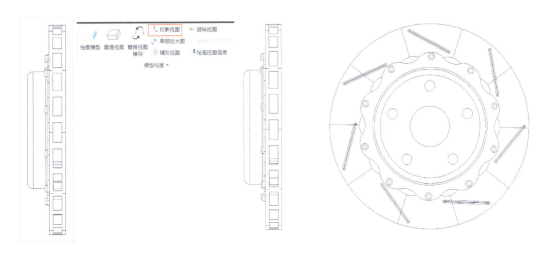

图 7-26 投影视图操作步骤

7.5.3 旋转视图

旋转视图又叫旋转截面视图，是现有视图的一个横截面，它绕切割平面投影旋转 90°。可将在 3D 模型中创建的横截面用作切割平面，或者在放置视图时创建一个横截面。旋转视图和横截面视图的不同之处在于它包括一条标记视图旋转轴的线。它是从现有视图引出的，主要用于表达剖截面的剖面形状，因此常用于工字钢等型材零件。此剖截面必须和它所引出的那个视图相垂直。旋转视图的截面类型均为区域截面，即只显示被剖切的部分，因此在创建旋转视图的过程中不会出现"截面类型"菜单。

方法一：在三维模型中创建截面

1）打开目录下的轴零件，并建立截面视图，如图 7-27 所示。

2）新建工程图，生成主视图，【模型视图名】选择【LEFT】，单击【确定】按钮；在【布局】选项卡的【模型视图】中单击【旋转视图】，根据消息区提示"选择旋转截面的父视图"，鼠标左键单击绘图区主视图，根据消息区提示"选择绘图视图的中心点"，鼠标左键在截面的下方位置单击，系统弹出【绘图视图】对话框，【旋转视图属性】的【横截面】选择步骤 1）中建立的截面，单击【确定】按钮生成旋转视图。具体操作步骤如图 7-28 所示。

图 7-27 创建截面视图

图 7-28 旋转视图操作步骤

方法二：在工程图中直接创建

1）单击【新建】按钮，系统弹出【新建】对话框，在对话框中选择【绘图】选项，在【文件名】处输入名称"轴"，单击【确定】按钮。

2）系统弹出【新建绘图】对话框，【默认模型】现在显示为【无】，单击右侧【浏览】按钮，系统弹出【打开】对话框，设置路径，或者在工作路径下找到三维模型"轴"，单击【打开】按钮；在【新建绘图】对话框中其他选项可以保持默认，单击【确定】按钮。以上操作如图 7-29 所示。

图 7-29 新建工程图操作

3）在绘图区单击鼠标右键，单击【普通视图】，根据消息区提示"选择绘图视图的中心点"，在绘图区单击鼠标左键，系统弹出【绘图视图】对话框，【视图方向】保持默认的【模型中视图的名称】，【模型视图名】单击选择【LEFT】，单击【确定】按钮，在绘图区生成主视图。

4）选择【布局】选项卡，在【模型视图】中单击【旋转视图】，在【消息】区提示

"选择旋转截面的父视图",单击绘图区中的主视图,将会高亮显示,周边有高亮的矩形框,消息区提示"选择绘图视图的中心点",在绘图区的主视图大体建立旋转视图的地方,单击鼠标左键,系统弹出【绘图视图】对话框和【菜单管理器】菜单。

5)在【菜单管理器】菜单点选【平面】,单击【完成】按钮,系统弹出【输入横截面名称】对话框,输入"A-A",单击后面的【√】按钮;在【菜单管理器】菜单点选【产生基准】,在【绘图】区主视图中选择【FRONT】面,在【菜单管理器】菜单中单击【完成】按钮,继续在【菜单管理器】菜单点选【输入值】,在弹出的对话框中输入数值"80",单击后面的【√】按钮,最后在【菜单管理器】菜单单击【完成】按钮;在【绘图视图】中单击【确定】按钮,即可完成选择视图。操作流程如图 7-30 所示。

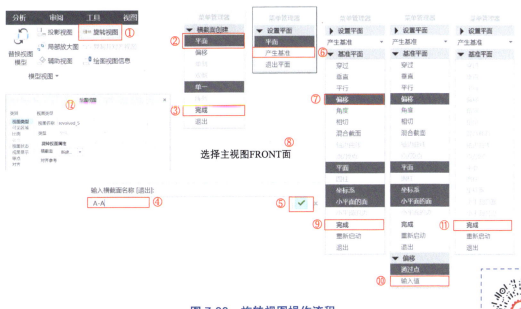

图 7-30 旋转视图操作流程

7.5.4 局部放大视图

放大视图是对视图的局部进行放大显示,所以又被称为"局部放大视图"。放大视图以放大的形式显示所选定区域,可以用于显示视图中相对尺寸较小且较复杂的部分,增加图样的可读性。创建局部放大视图时需先在视图上选取一点作为参照中心点并草绘一条样条曲线以选定放大区域,放大视图所显示的大小和图纸缩放比例有关。

1)打开制动器文件下的制动器总成 .drw,系统在绘图区显示主视图和俯视图。

2)在【布局】的【模型视图】中单击【局部放大图】,根据消息区提示的"选择绘图视图的中心点",在需要局部放大的部位单击鼠标左键,消息区提示"草绘样条,不相交其他样条,来定义一轮廓线",绘制需要放大区域的边界轮廓曲线,单击鼠标中键结束,然后在需要放置的区域单击鼠标左键,即可完成局部放大视图绘制。操作流程如图 7-31 所示。

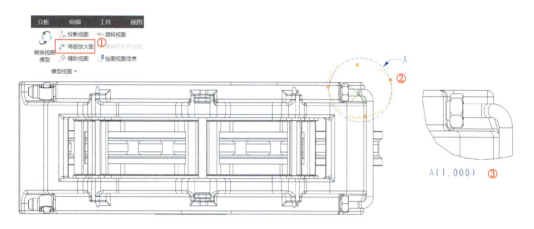

图 7-31　局部放大视图操作流程

7.5.5　辅助视图

辅助视图又叫向视图，也是投影生成的，和一般投影视图的不同之处在于它是沿着零件上某个斜面投影生成的，而一般投影视图是正投影。它常用于具有斜面的零件。在工程图中，当正投影视图表达不清楚零件的结构时，可以采用辅助视图。

1）打开辅助视图文件下的角件 .drw，系统在绘图区显示主视图。

2）在【布局】的【模型视图】中单击【辅助视图】，根据消息区提示的"在主视图上选择穿过前侧曲面的轴或作为基准曲面的前侧曲面的基准平面"，单击主视图上需要建立辅助视图的边，所选取的边线其实为一个面，由于此面和视图垂直，其投影为一条边线；在主视图非边线的地方选取，系统不认可；在【绘图】区放置辅助视图，双击辅助视图，系统弹出【绘图视图】对话框，修改【视图名称】为"A"，投影箭头选择【单箭头】，单击【确定】按钮，即可在绘图区显示投影方向箭头。具体操作如图 7-32 所示。

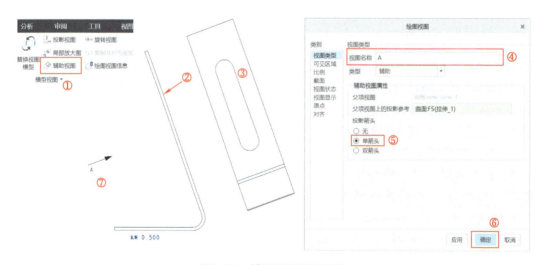

图 7-32　辅助视图操作流程

在需要局部放大的部位单击鼠标左键，消息区提示"草绘样条，不相交其他样条，来定义一轮廓线"，绘制需要放大区域的边界轮廓曲线，单击鼠标中键结束，然后在需要放置的区域单击鼠标左键，即可完成辅助视图绘制。

7.5.6 可见区域视图

工程图中，会遇到一些零件，其结构可能需要全部显示在图纸上，也可能由于对称结构只需要显示一半，还可能由于零件单一特征尺寸非常大，需要将线条打断并省略显示，或者单独创建一个视图显示一个零件的局部。通过调整这些视图显示的可见区域，即可控制显示范围，达到设计效果。

这些可见区域选项都是基础视图上面的选项，其他功能均可以在此基础上叠加，比如创建剖视图等。

1. 全部显示

系统默认是全视图，即全部显示所有视图元素。

打开工作路径下的制动盘.drw 文件，双击主视图，系统弹出【绘图视图】对话框，在【绘图视图】对话框中单击【可见区域】，然后在【视图可见性】中选择【全视图】，操作如图 7-33 所示。

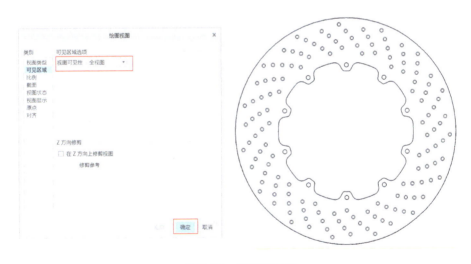

图 7-33 全视图操作

2. 半视图

半视图模式需要打开基准面，同时选择一个对称面，此时箭头方向为保留方向，创建完成会有一个对等号出现，在【绘图视图】对话框中单击【可见区域】，然后在【视图可见性】中选择【半视图】，单击【半视图参考平面】，在绘图区的主视图选择分割对称面，可以通过【保持侧】来切换方向，最后单击【确定】按钮，完成半视图的绘制。操作流程如图 7-34 所示。

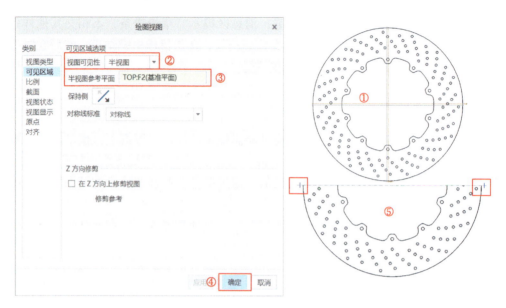

图 7-34 半视图操作

局部视图

3. 局部视图

局部视图创建需要创建两个元素，即样条和保留区域内部的点。首先在要保留的位置单击一个点，然后绘制一条样条线，意为显示这个范围内部，单击中键完成样条创建。操作步骤如图 7-35 所示。

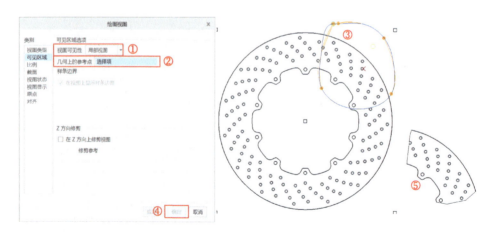

图 7-35 局部视图操作

破断视图

4. 破断视图

破断视图为一种打断视图，在机械制图中，经常会遇到一些细长形的零件，若要反映整个零件的尺寸形状，需用大幅面的图纸来绘制。为了既节省图纸幅面，又可以反映零件的形状尺寸，在实际绘图中常采用破断视图。

破断视图指的是从零件视图中删除选定两点之间的视图部分，将余下的两部分合并成一个带破断线的视图。创建破断视图之前，应当在当前视图上绘制破断线。通常有两种方法绘制破断线：一是创建几个断点，然后绘制通过这些断点的直线（垂直线或者水平线）作为破断线；二是通过绘制样条曲线、选取视图轮廓为S曲线或几何上的心电图形等形状作为破断线。确认后系统将删除两破断线间的视图部分，合并保留需要显示的部分（即破断视图）。

1）打开破断视图文件夹，打开里面的车桥总成.drw文件，双击绘图区中的主视图，系统弹出【绘图视图】对话框，单击【类别】中的【可见区域】，在【可见区域选项】中的【视图可见性】选项中选择【破断视图】，单击【第一破断线】下的绿色框，在主视图中点选边界线，用同样的方式操作【第二破断线】，系统即在主视图中显示两条破断线，单击【确定】按钮即可获得破断视图。操作如图7-36所示。

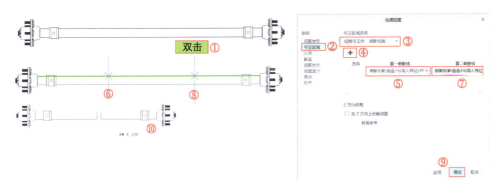

图7-36　破断线操作

2）用户可以修改破断线样式，如图7-37所示。

图7-37　破断线样式

7.5.7 视图比例

双击绘图区左下角的【比例】，可以调整绘图的视图全局比例，并可以在注释中添加 &scale 代码来调用这个比例。操作如图 7-38 所示。

用户也可以在【绘图视图】对话框中进行比例设定，如图 7-39 所示。

图 7-38　比例修改　　　　　　　　　　图 7-39　自定义比例修改

7.5.8 剖视图（截面视图）

全剖视图

1. 全剖视图

全剖视图属于 2D 截面视图，在创建时需要用到截面，一般需在三维模型先创建截面。

1）打开全剖文件夹下的制动盘 .prt，按住 Ctrl 键，选中制动盘的左右两个侧面，单击【模型】功能区【基准】中的【平面】，生成辅助平面"DTM1"，单击浮动工具条的【视图管理器】，在弹出的对话框中单击【截面】，单击【新建】，在弹出的工具条中选择【平面】，可以修改截面名称或者保持默认，此处修改名称为"A"，按下 Enter 键确认。此时系统弹出【截面】功能区，单击模型树下刚建立的"DTM1"平面，在【截面】功能区单击【确定】按钮，即可生成截面"A"。右键单击弹出命令条，勾选【显示截面】，然后单击【编辑剖面线】，系统弹出【编辑剖面线】对话框，选择"ANSI31"剖面线类型，调整缩放，直到满足要求，单击【确定】按钮，完成截面的创建。具体操作如图 7-40 所示。

2）新建工程图，具体步骤按照前面的介绍操作，在绘图区生成主视图。

3）在绘图区左键单击主视图，或者右键单击，都会弹出快捷工具条，选择【投影】，生成投影视图。双击投影视图，系统弹出【绘图视图】对话框，在【类别】中选择【截面】，在【截面选项】中选择【2D 横截面】，单击"+"号，选择名称为"A"的截面，【剖切区域】选择默认的【完整】，拉动下方的滑动条，在右侧找到【箭头显示】，单击【选择项】，单击主视图，在主视图上添加"A—A"视图方向标志，也可以在截面视图右键单击，在弹出的菜单条中选择【添加箭头】，具体操作如图 7-41 所示。最终结果如图 7-42 所示。

第 7 章 工 程 图

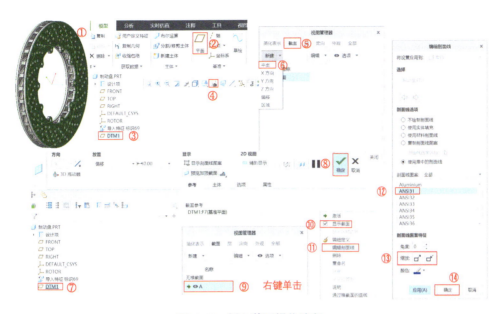

图 7-40 插入截面操作流程

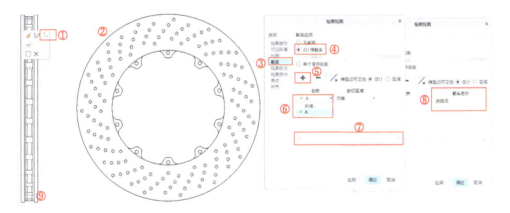

图 7-41 全剖视图操作流程

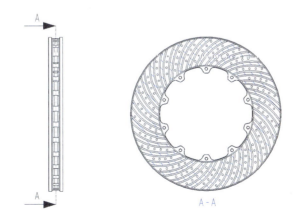

图 7-42 全剖视图结果

2. 半剖视图

半剖视图

半剖视图常用于表达具有对称形状的零件模型，使视图简洁明了。创建半剖视图时需选取一个基准平面作为参照平面（此平面在视图中必须垂直于屏幕），视图中只显示此基准平面指定一侧的视图，另一侧不显示。

在半剖视图中，参照平面指定的一侧以剖视图显示，而在另一侧以普通视图显示，所以需要先创建剖截面。

1）参照全剖视图步骤1）、2），此处不再重复。

2）在绘图区左键单击主视图，或者右键单击，都会弹出快捷工具条，选择【投影】，生成投影视图。双击投影视图，系统弹出【绘图视图】对话框，在【类别】中选择【截面】，在【截面选项】中选择【2D横截面】，单击"+"号，选择名称为"A"的截面，【剖切区域】选择【半倍】，在【参考】中选择【选择平面】，然后单击选择模型树中的"TOP"面，单击【确定】按钮即可生成半剖视图，在投影视图右键单击，系统弹出菜单栏，选择【添加箭头】，单击主视图，即可添加。操作步骤如图7-43所示。

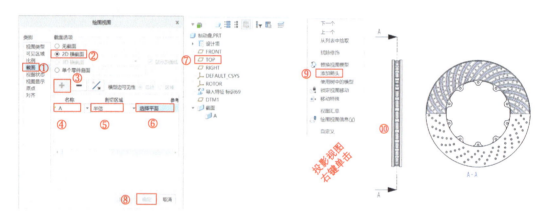

图7-43 半剖视图操作流程

3. 局部剖视图

局部剖视图

局部剖视图以剖视的形式显示所选定区域的视图，可以用于某些复杂的视图中，使图样简洁，增加图样的可读性。在一个视图中可以创建多个局部截面，这些截面可以不在一个平面上，用以更加全面地表达零件的结构。

1）参照全剖视图步骤1）、2），此处不再重复。

2）在绘图区左键单击主视图，或者右键单击，都会弹出快捷工具条，选择【投影】，生成投影视图。双击投影视图，系统弹出【绘图视图】对话框，在【类别】中选择【截面】，在【截面选项】中选择【2D横截面】，单击"+"号，选择名称为"A"的截面，【剖切区域】选择【局部】，消息区提示"选择截面间断的中心点"，在投影视图的边线上选取一点（如果不在模型边线上选取点，系统不认可），消息区提示"草绘样条，不相交其他样条，来定义一轮廓线"，在投影视图上定义局部剖视图的边界，当绘制到封闭时，单击中键结束绘制,在【绘图视图】对话框单击【确定】按钮,即可完成局部剖视图绘制。操作流程如图 7-44 所示。

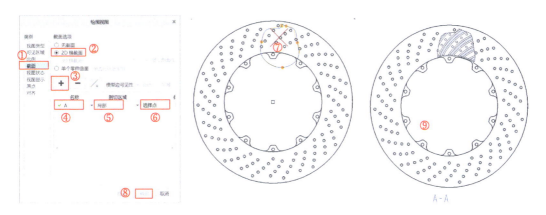

图 7-44　局部剖视图操作流程

7.5.9　视图显示

在绘制工程图时,首要事宜就是改变其显示样式,任何设计图纸都不允许有显示样式为着色的模型存在于图纸中。当在未改变视图显示模式的情况下创建工程图视图时,系统将默认视图显示为着色状态。为了符合工程图的要求,常常需要对视图的显示方式进行编辑控制。【绘图视图】对话框的具体内容如图 7-45 所示。

图 7-45　【绘图视图】对话框

使用 Creo 绘制工程图，不仅可以设置各个视图的显示方式，甚至可以设置各个视图中每根线条的显示方式，这就是边显示。边显示一般有拭除直线、线框、隐藏方式、隐藏线及消隐五种方式。这样一来，可以通过修改边的显示方式使视图清晰简洁，而且容易区分零组件。边显示在装配体工程图中尤为重要。具体操作如图 7-46 所示。

7.6 工程图标注

标注在工程图中占有重要的地位。工程图作为设计者与制造者之间交流的语言，重在反映零部件的各种信息，这些信息中的绝大部分是通过工程图中的标注来反映的。因此一张高

图 7-46　边显示操作流程

质量的工程图必须具备充分合理的标注。工程图中的标注种类很多，如尺寸标注、注解标注、基准标注、公差标注、表面粗糙度标注、焊接符号标注等。

7.6.1 尺寸标注

在工程图的各种标注中，尺寸标注是最重要的一种，它有着自身的特点与要求。首先，尺寸是反映零件几何形状的重要信息，在具体的工程图尺寸标注中，应力求尺寸能全面地反映零件的几何形状，不能有遗漏的尺寸，也不能有重复的尺寸。其次，由于尺寸标注属于机械制图中一个必不可少的部分，因此标注应符合制图标准中的相关要求。

Creo 软件工程图模块中有四种尺寸。

（1）驱动尺寸

驱动尺寸是指保存在模型自身中的尺寸信息。在默认情况下，将模型或组件输入 2D 工程图时，所有尺寸和保存的模型信息是不可见的，或已拭除。这些尺寸和 3D 模型的链接是活动的，所以可通过工程图中的尺寸来直接编辑 3D 模型。在工程图显示时，这些尺寸就称为"驱动尺寸"，因为用户可以在工程图中使用这些尺寸来驱动模型的形状。即如果用户对自动显示生成的尺寸进行修改，那么经再生后，3D 模型的形状及各视图中的相应尺寸均会自动更新。

（2）从动尺寸

从动尺寸是指在工程图中直接创建的新尺寸，这些后续插入的尺寸就称为"从动尺寸"。因为其关联仅为单向的，即从 3D 模型到 2D 工程图，所以，如果在模型中更改了尺寸，则所有已编辑的尺寸值和其工程图均会更新，但是，却不能在 2D 工程图中使用从动尺寸来编辑 3D 模型。

（3）参照尺寸

参照尺寸的编辑和一般尺寸一样，但是它只能用于在模型或工程图中显示有关信息。

所以，它们是只读的，不可以用于修改模型。但对于模型已进行的修改，它们会自动更新。

（4）纵坐标尺寸

纵坐标尺寸是以一个基线或基准点为参照基准的连续尺寸标注，一般有"基线基准"或"连续标注"两种。

如果在视图中有较多的尺寸，其布局应做到清晰合理并力求美观。在标注有内孔的尺寸时，应尽量将尺寸布置在图形之外；在有几个平行的尺寸线时，应使小尺寸在内，大尺寸在外，内外形尺寸尽可能分开标注。

1．自动尺寸标注

工程图视图是利用已经创建的零件模型投影生成的，因此视图中零件的尺寸来源于零件模块中的三维模型的尺寸，它们源于统一的内部数据库。由于这些尺寸受零件模型的驱动，并且也可反过来驱动零件模型，这些尺寸也常被称为驱动尺寸。

自动生成尺寸与零件或组件具有双向关联性，在三维模型上修改模型的尺寸，在工程图中，这些尺寸随着变化，反之亦然。这里有一点要注意：在工程图中可以修改自动生成尺寸值的小数位数，但是舍入之后的尺寸值不驱动几何模型。

在工程图环境中，当视图创建之后，应先显示自动生成尺寸，这样可以避免添加不必要的尺寸，减少不必要的工作。

1）打开尺寸标注文件下的制动盘 .drw 文件，已经在制动盘的三维模型中创建了截面。

2）单击【注释】功能区的 ，系统弹出【显示模型注释】对话框，如图7-47所示，该对话框用于显示或不显示一些工程图符号，如尺寸、几何公差、注释、表面粗糙度等。

3）单击需要显示尺寸的视图，此处单击主视图，在【显示模型注释】对话框的【类型】下拉菜单中选择【所有驱动尺寸】，然后单击 ，选中所有尺寸，单击【确定】按钮对所有尺寸进行显示。此时，在绘图区的主视图中显示的尺寸杂乱无序，有些尺寸也是不需要的，需要进行调整。

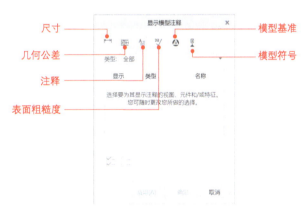

图7-47 "显示模型注释"对话框

4）对不需要的尺寸进行拭除，如最上方尺寸"91.92"。单击该尺寸，系统弹出快捷面板，选择【拭除】，再次单击鼠标，进行确认，该尺寸将不再显示。对于其他尺寸，单击激活该尺寸，把鼠标指针移动到尺寸数字上，出现移动图标，对尺寸位置进行改变。

5）对于自动显示的尺寸，有些尺寸未必合适，需要进行修改，如主视图中的倒角尺寸。首先单击倒角尺寸，在弹出的快捷面板中选择【删除】，单击鼠标左键确定，该尺寸不再显示。单击【注释】功能区的 ，在绘图区选择倒角曲线的角点，指明位置，然后单击鼠标中键，输入数值"2.5×2.5"完成修改。上述操作流程如图7-48所示。

注：

1)【拭除尺寸】是暂时使尺寸处于不可见的状态，还可以通过【取消拭除】操作使其显示出来。

2)【删除尺寸】指去掉多余的或错误的尺寸标注，被删除的自动生成的尺寸可以通过【显示模型注释】对话框重新显示出来。

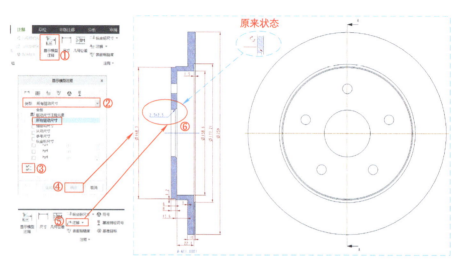

图 7-48 自动尺寸标注操作流程

2. 手动创建尺寸

当自动生成尺寸不能全面地表达零件的结构或在工程图中需要增加一些特定的标注时，就需要通过手动操作来创建尺寸。这些尺寸虽然是新增的，但也是实际的测量值。这类尺寸受零件模型所驱动，因此又常被称为从动尺寸。手动创建的尺寸与零件或组件具有单向关联性，即这些尺寸受零件模型所驱动，当零件模型的尺寸改变时，工程图中的尺寸也随之改变；但这些尺寸的值在工程图中不能被修改。

在自动尺寸标注的基础上，继续手动创建尺寸。

1) 在右侧视图进行手动尺寸标注。单击【注释】功能区的 ，系统弹出【选择参考】对话框，保持默认即可，在消息区提示"选择一个图元，或单击鼠标中键取消"。选择要标注的弧线，单击鼠标中键确定，放置尺寸，默认圆的尺寸标注是半径标注，在弹出的【尺寸】功能区，单击【方向】，在弹出的下拉菜单中选择【直径】，单击绘图区空白处，即可将半径标注转化为直径标注。具体操作流程如图 7-49 所示。

2) 标注螺栓孔直径。在弹出的【尺寸】功能区，单击【尺寸文本】，在对话框中输入"5×@D"，单击绘图区空白处，会发现尺寸变成"5×φ12.5"，单击标注尺寸上的箭头，系统弹出快捷面板，单击 两次，修改箭头方向。具体操作流程如图 7-50 所示。

3) 利用【草绘】功能区的【直线】命令，绘制大圆的中心线和螺栓孔与大圆圆心的中心线。按住 Ctrl 键，选择两条刚绘制的线，中键单击放置角度尺寸。选择绘制的辅助线，右键单击弹出的快捷菜单，单击 【与视图相关联】，单击右侧投影视图，实现关联，这样移动投影视图，绘制的辅助线也会一起移动，绘制完成后如图 7-51 所示。

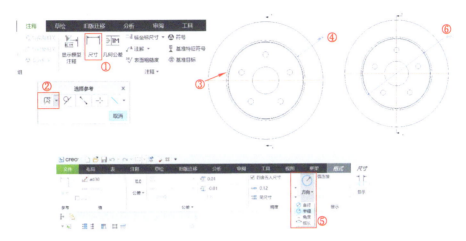

图 7-49　手动标注操作流程

图 7-50　标注样式修改

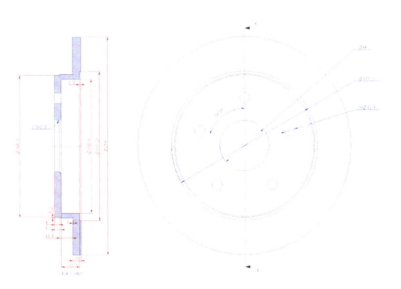

图 7-51　尺寸标注图

3. 编辑尺寸

由系统自动显示的尺寸在工程图上有时会显得杂乱无章，尺寸相互遮盖，尺寸间距过松或过密，某个视图上的尺寸太多，甚至出现重复标注，这些问题通过对尺寸进行编辑后都可以解决。

（1）移动尺寸

无论是自动生成的尺寸，还是手动创建的尺寸，都可以通过手动将其移动至合适的位置。移动尺寸及其尺寸文本的方法：选取要移动的尺寸，当尺寸加亮显示后再将鼠标指针放到要移动的尺寸上，按住鼠标的左键并移动鼠标，尺寸及尺寸文本会随着鼠标移动，移到所需的位置后，松开鼠标的左键。此方法在自动尺寸标注的案例中已经应用过。

（2）清理尺寸

Creo 软件系统提供了一个强有力的【清理尺寸】工具，如图 7-52 所示。

【清理尺寸】工具可以实现以下功能：

1）通过视图或通过单独尺寸来整理尺寸。

2）在尺寸界线之间居中尺寸（包括带有几何公差、直径、符号、公差等的整个文本）。

3）在这些尺寸界线与其他尺寸界线或绘制图元相交处，创建断点。

4）向模型边、基准平面、视图边、轴或捕捉线的一侧，放置所有尺寸。

5）反向箭头。

6）从边或视图边界偏移尺寸。

图 7-52 【清理尺寸】工具

操作步骤如下：

1）在【注释】选项卡中，单击 【清理尺寸】。【清理尺寸】对话框打开，但它处于非活动状态。

2）选择单个或多个尺寸，或选择整个视图，然后单击【确定】按钮。此时【清理尺寸】对话框激活。

3）单击【放置】选项卡，修改尺寸和详图项的放置。

① 在【偏移】框中，键入初始的一致偏移值。要放置选定尺寸，可在【增量】框中键入增量偏距值。

② 在【放置】框中，执行下列操作之一：

a）选择【视图轮廓】，偏移与其视图轮廓相关的尺寸。

b）选择【基线】，仅重定位同一视图中其引线平行于选定基线的尺寸。

③ 选择下拉列表中的一个图元，用作整理基线。此时出现一个箭头，指明偏移方向。

要更改方向，可单击【反向箭头】。

④ 选中【创建捕捉线】，将虚线捕捉线添加到该尺寸。

⑤ 选中【破断尺寸界线】，在尺寸界线与其他尺寸界线相交处破断该尺寸界线。

⑥ 单击【应用】按钮。系统对所有尺寸应用修饰清理。单击【撤消】按钮，返回到整理之前的状态，无须再选择尺寸即可重试。

4）默认情况下，系统选择所有复选框。必要时，整理任意或所有的项目；然后单击【应用】按钮。

① 如果合适（与文本不重叠），单击【反向箭头】向尺寸界线内部反向箭头；如果不合适或与文本重叠，则向尺寸界线外部反向箭头。

② 【居中文本】可在尺寸界线之间居中每个尺寸的文本。如果不合适，系统沿指定方向，将文本移动到尺寸界线外部。

③ 【水平】可向左或向右移动文本。

④ 【竖直】选项可向上或向下移动竖直尺寸的文本。

⑤ 【创建捕捉线】可在所有移动尺寸下面创建捕捉线（如果目标周围没有捕捉线）。它们只出现在平行于基线的尺寸下面（如果选择了基线），或平行于视图边界的尺寸下面（如果选择了视图轮廓）。清除此复选框后，当前会话的剩余复选框也保持清除状态。

（3）对齐尺寸

对齐尺寸可通过对齐线性、径向和角度尺寸来清理绘图显示。选定尺寸与所选定的第一尺寸对齐（假设它们共享一条平行的尺寸界线）。无法与选定尺寸对齐的尺寸不会移动。

1）选择要将其他尺寸与之对齐的尺寸。该尺寸即被突出显示。

2）按住 Ctrl 键并选择要对齐的剩余尺寸。可单独地选择附加尺寸或使用区域选择。还可以选择未标注尺寸的对象，但是，对齐只适用于选定尺寸。选定的尺寸会突出显示。

3）右键单击，然后从快捷菜单中单击【对齐尺寸】，或者在【注释】选项卡上单击 【对齐尺寸】。尺寸与第一个选定尺寸对齐。

注意：

1）每个尺寸可独立地移动到一个新位置。如果其中一个尺寸被移动，则已对齐的尺寸不会保持其对齐状态。

2）还可使用捕捉线对齐尺寸。移动捕捉线会移动与之对齐的所有图元。每个尺寸可独立地移动到一个新位置。如果其中一个尺寸被移动，则已对齐的尺寸不会保持其对齐状态。

3）选择尺寸的顺序很重要。所选择的第一个尺寸将建立目标引线空间。随后选择的引线将尝试与先前的引线对齐。

（4）角拐

该命令的功能是创建尺寸边线的角拐，为引线添加一个角拐的操作步骤如下：

1）在【注释】选项卡上单击 【角拐】，消息区提示"选择线性尺寸（标准和纵坐标）界线、GTOL 引线、注解引线、符号引线、基准目标引线或表面粗糙度符号引线，以创建角拐。"

2）选择要添加角拐的带有引线的图元。或者，选择图元并右键单击，然后在快捷菜单中单击【插入角拐】。

3）在引线上单击要插入角拐的点，然后根据要放置角拐的方式单击绘图中的某个位置。

4）单击鼠标中键，在该引线中将创建角拐。该引线仍保持选择状态，可重复此过程以放置另一角拐。效果如图 7-53 所示。

从引线删除角拐的操作步骤如下：

1）选择要删除的角拐。

2）右键单击，然后单击快捷菜单中的【删除】。该角拐被删除。

小贴士：

1）要删除引线中的所有角拐，选择具有多个角拐的引线，单击右键，然后单击快捷菜单中的【移除全部角拐】。

2）如果所选图元中包括多个带角拐的引线，可将所有角拐从全部引线中移除。为此，可选择该图元，然后在【注释】选项卡的【删除】组中单击 【移除全部角拐】。

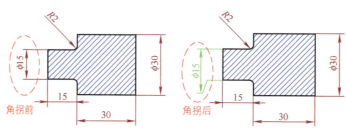

图 7-53 角拐操作

（5）断点

在尺寸界线上创建断点，操作步骤如下：

1）在【注释】选项卡上单击 【断点】，消息区提示"选择尺寸界线、导引、视图箭头、轴线或 2 维图元来破断"。

2）选择该线条。【断裂线类型】菜单管理器打开。

3）选中【参数】或【简单】。参数化破断会提示选取一条围绕其进行破断的尺寸界线或捕捉线。同时也会提示破断尺寸。如果移动选定的线，则断点会随之移动。简单断点允许在要破断的线上单击而插入断点。可以调整破断大小，但它不和其他任何图元关联。

4）如果要插入参数化断点，选择相交线。选择破断大小以完成断点。可以选择另一条要破断的尺寸界线，或者单击鼠标中键退出该项命令。

如果要插入一个简单断点，单击尺寸界线上的点以创建断点。使用【控制滑块】调整该断点大小。效果如图 7-54 所示。

小贴士： 不能破断圆弧或圆的半径或直径尺寸，因为这样所查看到的不是尺寸界线，而是尺寸箭头的伸出长度。

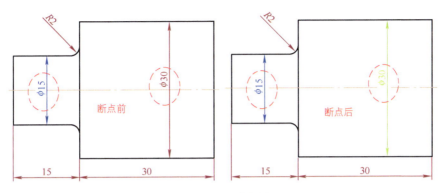

图 7-54 断点操作

7.6.2 注解标注

在 Creo 工程图中，绘图注解并非几何信息，它仅仅是用于更加方便地读图。在工程图中，除了尺寸标注外，还应有相应的文字说明，即技术要求，如工件的热处理要求、表面处理要求等。所以在创建完视图的尺寸标注后，还需要创建相应的注解标注。注解除了使用自定义值之外，还可以加入参数实现自动设计变更。

1. 创建绘图注解

创建绘图注解时，通过单击一系列选项设置所有注解属性，如依附类型和位置、引线样式和文本位置。所作的选择将被保留为后续注解的默认值，直到更改它们为止。绘图注解的格式选项卡如图 7-55 所示。

1）在【注释】选项卡中单击【注解】旁边的箭头，然后选择注解类型命令。

2）可以使用下列任一注解引线选项来创建注解。

① 无引线（独立、在项上或偏移注解）：跳过所有引线设置选项，并且在页面中只指定注解文本和位置。

② 带引线（引线、切向引线或法向引线）：将引线连接到特定点。可以指定连接样式、箭头样式等。

3）在页面中选择注解的位置。【格式】选项卡随即打开。可通过键盘输入注解文本，或者选择【文本】组中的【来自文件的注解】从文件中打开注解文本。此时浏览器将打开，可以选择文件。

4）通过【样式】组中的【左】【居中】或【右】选项设置注解文本的对齐方式。

5）通过【样式】命令为注解文本选择一种样式。默认状态下，使用当前样式或上次使用的样式创建注解。

6）从键盘或选定的文件输入注解文本。输入一条线并按 Enter 键。如果需要，可输入第二条线。再次按 Enter 键添加更多线。可从符号调色板向注解文本输入文本符号。

7）在文本框外单击放置注解。

图 7-55　绘图注解的格式选项卡

2. 创建独立注解

如果创建独立注解，则跳过所有引线设置选项，只在页面上指定注解文本和位置。

1）在【注释】选项卡中单击【注解】旁的箭头，然后单击【独立注解】。【选择点】对话框随即打开。

2）从【选择点】对话框中选择以下放置选项之一：

① ：将注解放置于在绘图上选择的自由点处。

② ：将注解放置在由参考绘图原点的 X 和 Y 值定义的绝对坐标处。在【选择点】对话框中单击【确定】按钮确认坐标的 X 和 Y 值。

③ ：将注解放置在所选的绘图对象上。

④ ：将注解放置在所选的顶点上。

注解文本框的原点放置在所选位置上。【格式】选项卡随即打开。使用【格式】选项卡上的命令格式化注解文本。

3）输入注解文本，然后在文本框外单击来放置注解。

3. 创建偏移注解

通过选定图元分组偏移注解。可绕过引线设置选项，并且系统仅指定给出偏移文本的注解文本和参考图元。

1）在【注释】选项卡中单击【注解】旁的箭头，然后单击【偏移注解】。

2）在消息区提示"选择尺寸，尺寸箭头，几何公差，注解，符号实例，点或轴"，可以选择提示中的任一绘图图元作为与该注解偏移的参考。

拖动和放置注解文本框时，将显示一条重影线，连接选定参考图元与注解文本框。可以更改选定参考。按住 CTRL 键并单击一个图元来替换参考。移动参考图元时，与其关联的偏移注解也会移动。移动独立于参考图元的注解时，将重置偏移值。

3）中键单击绘图来指定偏移注解的位置。【格式】选项卡随即打开。使用【格式】选项卡上的命令格式化注解文本。

4）输入注解文本，然后在文本框外单击来放置注解。

4. 创建项上注解

项上注解直接附加到选定项。可跳过引线设置选项来指定注解文本和注解所连接到的项。

1）在【注释】选项卡中单击【注解】旁的箭头，然后单击 【项上注解】。

2）在消息区中提示"选择几何，点，坐标系或一个线或缆符号"，可以选择消息提示中的任一图元作为该注解的参考。

注解文本框的原点放置在图元上选定的位置。【格式】选项卡随即打开。使用【格式】选项卡上的命令格式化注解文本。

3）输入注解文本，然后在文本框外单击来放置注解。

5. 创建引线注解

1）在【注释】选项卡中单击【注解】旁的箭头，然后单击 【引线注解】。【选择参考】对话框随即打开。

2）在消息区提示"选择几何，尺寸界线，点，坐标系，轴或自由点"，选择【选择参考】对话框中的以下参考选项之一来指定选定图元上的引线连接点。

① ：图元上的任何参考点。

② ：边或图元的中点。

③ ：两个图元的相交。

3）单击选择参考对象。文本框通过其引线连接到选定点。要创建引线注解，可参阅以下指令。

① 法向引线注解：移动鼠标指针直到 导向件显示。法向引线注解的引线将垂直于选定参考。

② 切向引线注解：移动鼠标指针直到 导向件显示。切向引线注解的引线与选定参考相切。

③ 带有标准引线的注解：将鼠标指针移动到任何合适的位置。

可以通过下列方法来更改选定参考：

① 按住 CTRL 键并单击当前选定的参考图元来移除参考。

② 按住 CTRL 键并单击另一图元来添加参考或引线。

4）中键单击绘图以指定注解的位置。【格式】选项卡随即打开。使用【格式】选项卡上的命令格式化注解文本。

5）输入注解文本，然后在文本框外单击来放置注解。

7.6.3　基准标注

在工程图中，经常需要标注基准，以作为标注尺寸、公差等参数的参照。

1）在【注释】选项卡中单击【基准特征符号】，随即显示基准特征符号的动态预览。

2）选择边、几何、轴、基准、曲线、顶点或曲面上的点来指定基准特征符号的连接点。基准特征符号将连接到选定图元。

3）拖动鼠标指针来指定基准特征符号引线的长度。

4）单击鼠标中键以放置基准特征符号。【基准特征】功能区变为可用。

5）可使用功能区中的选项来定义基准特征符号的属性。

6）在图形区域内单击以完成基准特征符号的创建。操作流程如图 7-56 所示。

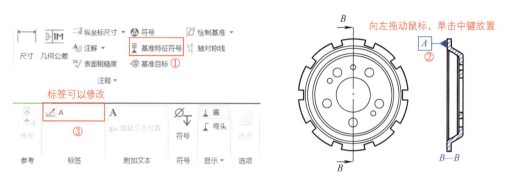

图 7-56　基准标注操作流程

7.6.4　几何公差标注

形状和位置公差简称几何公差，用来指定零件的尺寸和形状与精确值之间所允许的最大偏差。在几何公差中参考基准平面或轴之前，必须先将其设置为参考项。可使用 ⊡ 和 ⊡ 设置参考基准。

如果使用 ⊡ 设置参考基准，则 Creo Parametric 会创建一个设置基准标记并将基准名称显示在连接到基准的框中。这是设置基准标记的旧的样式显示。

如果使用 ⊡ 设置参考基准，则 Creo Parametric 将其作为放置在注解平面上的独立注解来创建设置基准标记，并将基准名称显示在连接到实体三角形的框中。此实体三角形与基准相连。

1）在【注释】选项卡中单击【几何公差】，在消息区提示"选择几何，尺寸，几何公差，注解，尺寸界线，坐标系，轴，基准，已设置的基准标记，点或修饰草绘图元"，单击左侧投影视图的边线，鼠标右移，单击中键确定放置，此时是以默认数值显示，需要进行修改。

2）在【几何公差】选项卡中单击【几何特性】下的箭头，在弹出的菜单中选择【平行度】，在【公差和基准】框中输入"A"，在绘图区空白处单击鼠标确认。操作流程如图 7-57 所示。

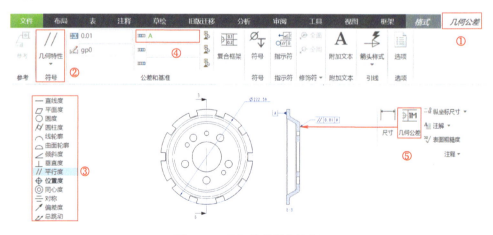

图 7-57　几何公差操作流程

7.7 格式

绘图格式是指边界线、参考标记和任何绘图元素在显示或添加前,每个页面中出现的图形元素。通常包括公司名称、大样设计员姓名、版本号和日期等表项。

启动新的绘图时,将提示用户给出与绘图关联的格式文件(.frm)。此文件带有所有格式图形信息,并且还可以带有一些可选的默认属性,如文本尺寸和绘制比例。对于多页面绘图,可以有两种默认格式,一种用于第一个页面,而另一种用于其余页面。

Creo Parametric 随附了多种用于不同页面尺寸的标准绘图格式。也可以创建和保存自己的格式文件。

可以更改任何页面上的格式(包括第一个页面)而与其他页面格式无关,因此,可以在绘图的各个页面上使用不同的格式。

7.7.1 创建格式

图纸幅面是指图纸宽度与长度组成的幅面。绘制技术图样时应优先采用所规定的基本幅面,图纸基本幅面及其图框尺寸见表 7-1。创建格式时需要创建不同图纸幅面的格式文件。

表 7-1 图纸基本幅面及其图框尺寸

幅面代号	A0	A1	A2	A3	A4
$B \times L$	841×1189	594×841	420×594	297×420	210×297
a	25				
c	10			5	
e	20		10		

1)单击【文件】→【新建】按钮。

2)在【新建】对话框中单击【格式】,然后在【文件名】框中输入格式名称,或接受默认名称。此实例以 A4 图纸格式为例,因此【文件名】框中输入"A4_X"。

3)单击【确定】按钮。

4)在【新格式】对话框中,通过执行下列操作来指定格式。

① 如有必要,使用【指定模板】区域为格式附加模板。

② 在【方向】下,单击【纵向】【横向】或【可变】按钮。

③ 如果选择【纵向】或【横向】,可从【标准大小】列表中选择大小。因为【文件名】为"A4_X",所以此处选择【横向】。

④ 如果选择【可变】,则必须定义高度和宽度尺寸。选择【英寸】或【毫米】,并在【宽度】和【高度】框中输入值。

5)单击【确定】按钮。指定格式出现在【布局】选项卡中。具体操作流程如图 7-58 所示。

图 7-58 创建格式操作流程

格式与绘图文件一样也需要进行配置，格式文件也从 .dtl 细节选项文件中检索默认值。如果要使 .dtl 格式文件具有与细节选项文件相同的值，可通过执行以下操作将细节选项文件检索到该格式中：单击【文件】→【准备】→【绘图属性】，然后在【细节选项】单击【更改】按钮。【选项】对话框随即打开。使用【选项】对话框中的【打开】图标检索 .dtl 文件。系统只读取那些对格式有效的选项。具体操作步骤如图 7-59 所示。

图 7-59 修改格式配置文件操作流程

> **提示：页面轮廓和出图**
>
> 页面轮廓为选定的标准绘图格式的边界。由于它是实际边界，因此在出图时不会出现，除非用户所用的纸张尺寸大于该绘图尺寸。在该页面轮廓边界之内的所有对象也被出图，但应为绘图仪的压紧滚筒留出余量。

7.7.2 绘制图框

GB/T 14689—2008 中规定必须使用粗实线绘制图框，其格式分为不留装订边（图 7-60）和留装订边（图 7-61）两种，但同一产品只能采用其中一种。

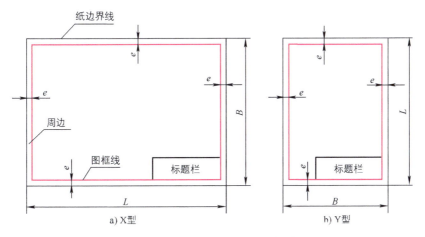

图 7-60　不留装订边图纸的图框格式

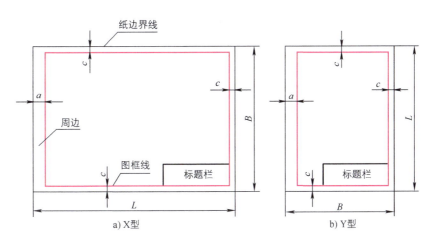

图 7-61　留装订边图纸的图框格式

继续前面的操作，案例选择留装订线的 X 型 A4 图纸。

1）在【草绘】选项卡中单击【格式】按钮，系统弹出菜单，单击选择最下方【管理线型】，系统弹出【线型库】对话框，单击【新建】按钮，系统弹出【新建线型】对话框，在【新名称】框中输入"粗实线"，在【属性】中选择【线型】为"实线"，【宽度】设置为"0.5"，单击【确定】按钮，然后在【线型库】对话框中单击【关闭】按钮，创建线型操作流程如图 7-62 所示。

2）在【草绘】选项卡中单击【编辑】按钮，系统弹出菜单，单击选择【平移并复制】，系统弹出【选择】对话框，在绘图区点选矩形框的上边线，单击【选择】对话框的【确定】按钮，系统弹出【菜单管理器】对话框，点选【竖直】选项，系统弹出【输入值】对话框，输入"–5"，单击【√】确定，接着系统弹出【输入副本数】对话框，输入"1"，单击【√】确定，具体操作如图 7-63 所示。

图 7-62　创建线型操作流程

图 7-63　绘图框绘制流程

3）用同样的方法，绘制其他三条边线，仅左侧边线输入"25"。

4）在【草绘】选项卡中单击【修剪】中的【拐角】命令，对绘制的四条线进行修剪，形成矩形。

5）按住 CTRL 键，鼠标点选新绘制的矩形框边线，选中的边线高亮显示，在【草绘】选项卡的【格式】中单击"线型"，系统弹出【修改线型】对话框，【样式】选择"粗实线"，然后单击【应用】按钮，完成图框线型修改，具体操作如图 7-64 所示。

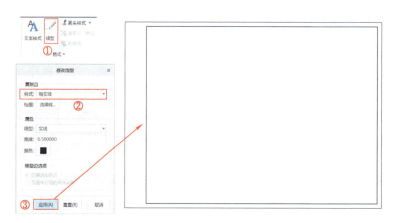

图 7-64　图框修改线型操作流程

7.7.3 绘制标题栏

标题栏是由名称及代号区、签字区、更改区和其他区组成的栏目，格式如图 7-65 所示，其位置位于图纸的右下角。当标题栏的长边置于水平方向并与图纸的长边平行时，则构成 X 型图纸；当标题栏的长边与图纸的长边垂直时，则构成 Y 型图纸。两种类型的图纸，看图方向与看标题栏的方向一致。

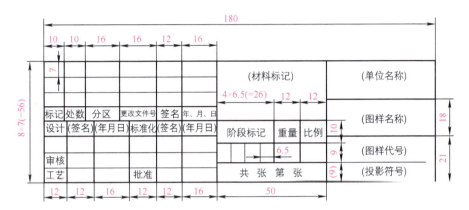

图 7-65　标题栏的格式

在学校的制图作业中标题栏可以采用简化格式，如图 7-66 所示。

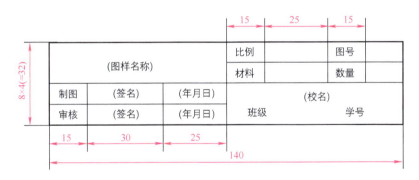

图 7-66　简化标题栏格式

此处以图 7-66 为例进行绘制，步骤如下：

1）标题栏的边框为粗实线，首先利用【草绘】选项卡【编辑】功能中的【平移并复制】命令，偏移复制绘图框右下角的两条边线，偏移数值分别为"32"和"-140"，然后利用【修剪】中的【拐角】命令进行修剪，具体操作参考绘制图框步骤中的步骤 2）~4）。

2）在【表】选项卡中单击【表】，插入 7×4 表格，位置任意放置。

3）在表格非激活状态，鼠标指针移动到表格最左上角单元格上，鼠标右键 3 次单击（右键单击 1 次，选中行；右键单击 2 次选中列），表格即为全选（也可以按住鼠标左键框选），表格全部高亮显示，单击【行和列】中的【⬥高度和宽度】，系统弹出【高度和宽度】对话框，取消勾选【行】中的【自动高度调节】，在【高度】框中输入"8"，单击【确定】按钮，完成表格的行高修改。此处表格选择也可以鼠标单击表格中单元格，然后在【表格】

选项卡的【表】→【选择表】，单击右侧箭头弹出选择菜单，里面包括【选择表】【选择行】【选择列】，根据需要进行操作。

4）参照图7-66所示，修改列宽，选择表格时按住CTRL键。

5）参照图7-66所示，对单元格进行合并。

6）用鼠标左键单击表格任意一处，表格的四角和中间共显示8个小方块，鼠标移动到四个角的小方块处，将会显示移动图标，按住鼠标左键，将表格拖放到右下角处，通过缩放图形调整位置。

7）在【表】选项卡中单击【格式】按钮，系统弹出菜单，点选【管理文本样式】，系统弹出【文本样式库】，单击【新建】按钮，系统弹出【新文本样式】对话框，在【样式名称】框中输入"中文5"，在【字符】的【高度】框中输入5（先取消勾选【默认】），在【注解或尺寸】选项中，设置【水平】为"中心"，【竖直】为"中间"，单击【确定】按钮。然后继续在【表】选项卡中，单击【格式】按钮，系统弹出菜单，点选【默认文本样式】，系统弹出【菜单管理器】，选择刚刚创建的"中文5"，单击【完成/返回】按钮。具体操作流程如图7-67所示。

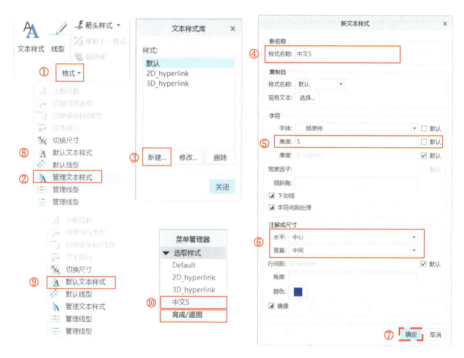

图7-67 修改文本样式操作流程

8）双击表格中的单元格，参照图7-66所示，输入相关文本，完成后如图7-68所示。

9）在【图样名称】单元格中输入"&model_name"，在【比例】右侧单元格中输入"&scale"，在【材料】右侧单元格中输入"&ptc_master_material"，在【制图】右侧单元格中输入"&modeled_by"。完成后如图7-69所示。保存格式文件。

10）建立的标题栏可以用于其他幅面的格式，将所绘制的表保存以便调用。

			比例		图号	
			材料		数量	
制图			山东交通大学			
审核			班级		学号	

图 7-68　标题栏

&model_name			比例	&scale	图号	
			材料	&ptc_master_material	数量	
制图	&modeled_by		山东交通大学			
审核			班级		学号	

图 7-69　格式文件输入参数

以上建立了 A4_X 的格式文件，其他的格式文件操作类似。

7.8　实例

本实例以轴承盖为例，如图 7-70 所示。

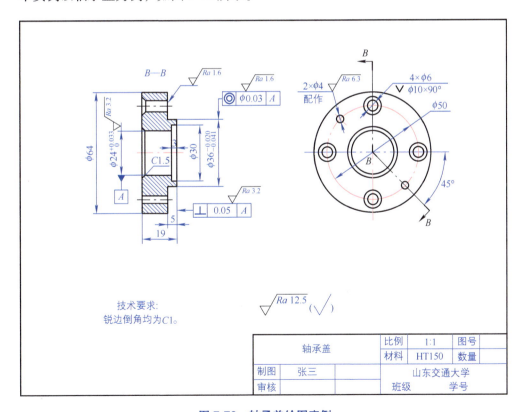

图 7-70　轴承盖绘图实例

操作步骤如下：

1）打开实例文件下的"轴承盖.prt"文件，并生成截面，提供的模型已经创建截面。

2）单击【新建】按钮，系统弹出【新建】对话框，勾选【绘图】，取消勾选【使用默认模板】，勾选【使用绘图模型文件名】，单击【确定】按钮。在弹出的【新建绘图】对话框中，【指定模板】设置为【格式为空】，【格式】中单击【浏览】按钮，找到前面设置的"a4_x.frm"格式文件，单击【确定】按钮，在绘图区自动生成绘图图框和标题栏，标题栏中的参数化单元格自动显示内容，具体操作如图 7-71 所示。

图 7-71　新建绘图操作流程

3）首先在绘图区生成主视图。在【绘图视图】对话框中，【类别】选择【视图类型】，【模型视图名】选择【V1】，单击【确定】按钮生成主视图。具体操作如图 7-72 所示。

图 7-72　主视图生成操作流程

4）因为要进行旋转剖，所以首先需要显示主视图的轴线，在【注释】选项卡中单击，系统弹出【显示模型注释】对话框，单击【显示模型基准】，在绘图区单击主视图，勾选【A_1】，单击【确定】按钮。

5）在主视图的左侧生成投影视图。双击投影视图，系统弹出【绘图视图】对话框，

188

在【类别】中选择【截面】，在【截面选项】中，点选【2D 横截面】，单击下方的"＋"号，在【名称】中选择【B】，【剖切区域】选择【全部（对齐）】，在【参考】选择主视图中的轴线"A_1"，拉动下方的滑条，在【箭头显示】框单击主视图，单击【确定】按钮，完成截面视图的剖视图和添加方向箭头，具体操作如图 7-73 所示。细心的读者会发现剖视图的中间多了一条实线，可以通过修改配置参数 show_total_unfold_seam 设置为 no。

图 7-73　选择剖视图操作流程

6）对剖视图进行主要尺寸标注，在【注释】选项卡中单击【显示模型注释】，或者单击鼠标右键，系统弹出【显示模型注释】对话框，单击剖视图，勾选需要显示的尺寸，然后进行调整，具体操作步骤如图 7-74 所示。

图 7-74　剖视图尺寸标注流程

7）在【草绘】选项卡中单击【同心圆】，绘制辅助圆，然后单击【格式】中的【线型】，系统弹出【修改线型】对话框，在【样式】中选择【中心线】，单击【应用】按钮，辅助圆由实线变为中心线型，单击辅助圆，在弹出的浮动工具栏中选择【与视图相关】，单击主视图，具体操作流程如图 7-75 所示。

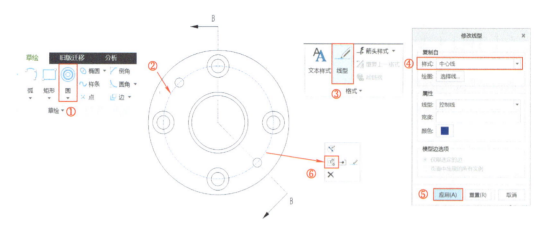

图 7-75　绘制辅助圆流程

8）在【绘图】选项卡中绘制中心线，并与视图进行关联。在【注释】选项卡中，利用【引线注解】标注倒角"C1.5"，修改"φ24"的尺寸公差，操作如图 7-76 所示，其他类似。

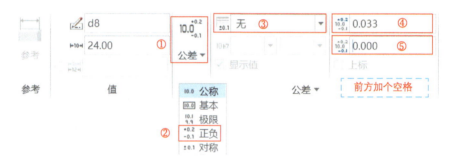

图 7-76　公差尺寸修改流程

9）标注基准、公差和粗糙度。在标注粗糙度时，有时需要旋转角度，具体操作如图 7-77 所示。利用【独立注解】填写技术要求。

图 7-77　粗糙度符号角度选择操作流程

练　习　题

1. 依据图 7-78 所示，绘制零件的三维模型，然后转化成二维图，进行合理投影和尺寸标注。

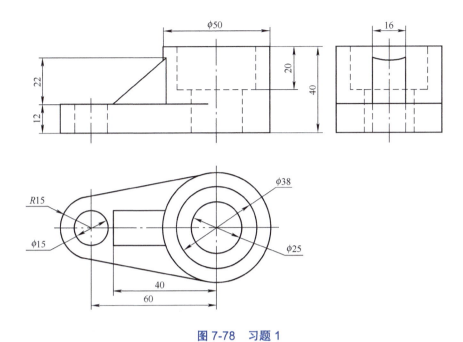

图 7-78 习题 1

2. 依据图 7-79 所示，绘制零件的三维模型，然后转化成二维图，进行合理投影和尺寸标注。

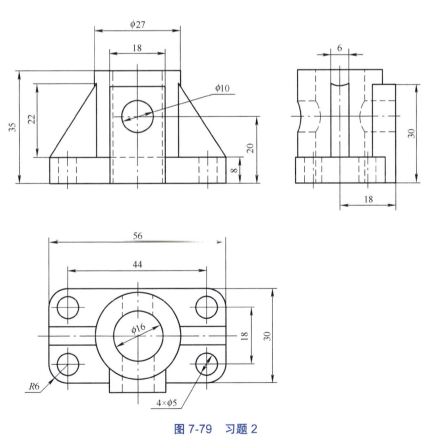

图 7-79 习题 2

3. 依据图 7-80 所示，首先绘制零件的三维模型，然后转化成二维图，进行合理投影和尺寸标注，其中标题栏等内容首先制成格式。

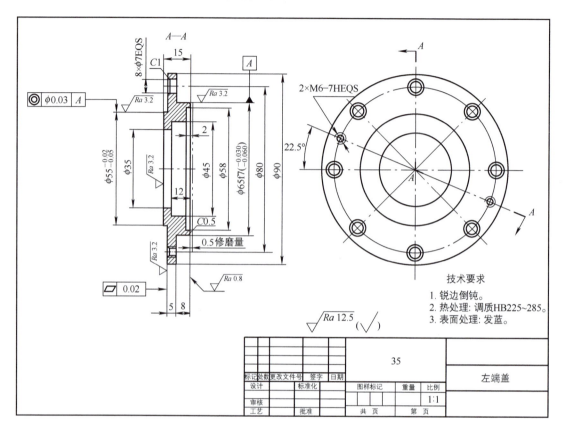

图 7-80　习题 3

总　　结

本章以工程制图国家标准为依据，让学生系统学习并掌握 Creo 软件工程图模块，掌握工程图环境配置方法，能将三维模型转化为工程图纸样式，包括图纸模板的制作、工程视图的各种生成方法以及尺寸标注等内容。

参 考 文 献

[1] 陈晓勇. Creo 3.0 零件设计详解 [M]. 北京：高等教育出版社，2017.
[2] 北京兆迪科技有限公司. Creo 2.0 产品工程师宝典 [M]. 北京：中国水利水电出版社，2014.
[3] 黄志刚，杨士德. Creo Parametric 6.0 从入门到精通 [M]. 北京：人民邮电出版社，2020.
[4] 肖扬，张晟玮，万长成. Creo 6.0 从入门到精通 [M]. 北京：电子工业出版社，2020.
[5] 钟日铭. Creo 6.0 中文版完全自学手册 [M]. 3 版. 北京：机械工业出版社，2020.
[6] 邵振华，李志红，郭东艺. Creo 4.0 中文版实战从入门到精通 [M]. 北京：人民邮电出版社，2018.
[7] 詹友刚. Creo 3.0 工程图教程 [M]. 北京：机械工业出版社，2014.
[8] 李少坤，马丽，黄继刚，等. Creo 8.0 机械设计教程 [M]. 北京：清华大学出版社，2022.
[9] 钟日铭. Creo 8.0 产品结构设计 [M]. 北京：机械工业出版社，2022.
[10] 詹友刚. Creo 3.0 快速入门教程 [M]. 北京：机械工业出版社，2014.